A Prova da Relação de Emprego à Luz da Teoria Crítica

A Prova da Relação de Emprego à Luz da Teoria Crítica

Marcelo Tolomei Teixeira
Xerxes Gusmão

LACIER

LACIER

Lacier Livraria e Editora
www.livrarialacier.com.br

Rua Doutor Quirino, 808 – Centro
CEP 13015-081 – Campinas, SP – Brasil

Fechamento: 30-09-2023.

Diretor: *Lacier José de Rezende*
Diretor assistente: *Eduardo Soares Aureliano*
Projeto de capa: *Fabio Giglio*
Projeto gráfico e editoração eletrônica: *Peter Fritz Strotbek – The Best Page*

Ficha Catalográfica

Dados Internacionais de Catalogação na Publicação (CIP)
(Câmara Brasileira do Livro, SP, Brasil)

T266p Teixeira, Marcelo Tolomei
A prova da relação de emprego à luz da teoria crítica / Marcelo Tolomei Teixeira, Xerxes Gusmão. — Campinas, SP : Lacier Editora, 2024.
160 p. ; 16 x 23 cm.

ISBN 978-65-88805-61-9

1. Direito do trabalho — Brasil. 2. Relação de emprego — Brasil. 3. Vinculo de emprego — Provas. 4. Prova (Direito). I. Gusmão, Xerxes. II. Título.

CDU 34:331(81)

Índices para catálogo sistemático:

1. Relação de emprego — Direito

Angela Schmidt da Rosa – Bibliotecária – CRB-14/1171

Agradeço à minha família e aos meus amigos, que sempre me motivaram a escrever nova obra, objeto das minhas reflexões acadêmicas.

Marcelo Tolomei Teixeira

Agradeço, inicialmente, às pessoas mais importantes da minha vida, da minha família, todas fundamentais para tão relevante projeto, por sempre terem me estimulado, cada uma à sua maneira, a buscar objetivos elevados no meu percurso: a minha amada esposa, Katieny; o meu maravilhoso filho, Pietro; a minha combativa mãe, Vera; a minha visionária irmã, Vanessa; o meu saudoso e inspirador pai, Xerxes; os meus parceiros sogros, Adelar e Ione.

Agradeço, ainda, aos muitos amigos que pude fazer ao longo da vida, assim como a todos os alunos e colegas professores com os quais convivi durante a minha carreira acadêmica, todos tendo me ensinado bastante e me inspirado a pesquisar e a escrever sempre.

Agradeço, ademais, aos queridos amigos, Carlos Henrique Bezerra Leite e Jorge Luiz Souto Maior, que gentilmente aceitaram o convite para escrever o prefácio e a apresentação desta obra, abrilhantando-a de modo indelével.

Agradeço, por fim, ao amigo Lacier e à sua renomada editora, que aceitou prontamente o desafio de publicar este livro, entregando tão impecável edição final.

Xerxes Gusmão

Sumário

Prefácio

Profundamente honrado e com imensa alegria recebi o convite para prefaciar este importante livro *A Prova da Relação de Emprego à Luz da Teoria Crítica*, de autoria de Marcelo Tolomei Teixeira e Xerxes Gusmão, ora apresentado à comunidade jurídica nacional.

Trata-se de obra que é fruto de oportuna e importante pesquisa realizada por dois dedicados magistrados do trabalho e reconhecidos professores de Direito e Processo do Trabalho, que apresentam e revisitam os principais aspectos históricos, teóricos e práticos alusivos a um tema de altíssima relevância para a efetivação dos direitos fundamentais sociais dos trabalhadores: a prova da relação empregatícia.

Os autores se debruçam, sob o enfoque da teoria crítica do Direito, sobre os elementos caracterizadores da relação jurídica de natureza empregatícia, enaltecendo, didaticamente, como devem ser interpretados tais elementos, mormente em tempos de neoliberalismo, revolução tecnológica, robotização, internet das coisas, inteligência artificial etc., que promoveram profundas transformações nas relações políticas, econômicas e sociais, com repercussões no Direito em geral e, particularmente, no direito material e processual do trabalho.

Ancorados em tais transformações e aliando a didática do magistério e a experiência da magistratura de carreira, os autores analisam, nos dois primeiros capítulos, os aspectos objetivos e subjetivos da relação empregatícia, destacando a subordinação nos sentidos de dependência econômica ou técnica, bem como a subordinação jurídica estrutural ou integrativa. Dividiram essa obra em oito capítulos. Para tanto, os autores colecionam jurisprudências e a posição da Organização Internacional do Trabalho a respeito da temática.

Em seguida, os autores se dedicam ao estudo das relações de trabalho que denominam de "relações complexas", e examinam os mais intricados problemas alusivos aos empregados com aspectos diferenciados de subordinação, os riscos das atividades exclusivos do empregador, o ônus da prova e a nulidade contratual.

O quarto capítulo é dedicado à terceirização e à possibilidade de reconhecimento do vínculo empregatício diretamente com o tomador dos serviços. Nessa parte da obra, os autores enfrentam, com maestria e excelência, as novas formas de prestação de serviços por meio de "pejotização", cooperativas e estágios, bem como as modalidades de trabalho prestado por cônjuges, companheiros, filhos e demais parentes, apontados elementos de identificação ou de exclusão da existência da relação empregatícia.

No capítulo quinto e seguintes, os autores investigam as "relações de trabalho digitais" e enfrentam as principais dificuldades de interpretação e aplicação dessas novas modalidades de relações jurídicas, e propõem inovadores conceitos evolutivos de subordinação, como a subordinação tecnológica para o trabalhador em teletrabalho, o trabalhador em plataformas digitais e os influenciadores digitais.

As relações de trabalho em que figuram como sujeitos os profissionais liberais (médicos e advogados), os profissionais vendedores (representante comercial e corretor de imóveis), os portuários, os motoristas transportadores de carga, os trabalhadores rurais, os trabalhadores domésticos, os trabalhadores de salão de beleza e os trabalhadores de igrejas são examinadas nos capítulos sexto, sétimo e oitavo, em que os autores analisam com didatismo e experiência prática as hipóteses que configuram ou não a relação empregatícia.

Ao final, os autores apresentam a síntese conclusiva dos principais temas tratados nesta obra que possui, portanto, tríplice relevância (humana, contemporânea e operativa), na medida em que apresenta ao leitor o grave e tormentoso problema da prova da relação empregatícia, especialmente em tempos de surgimento de novas formas de relações jurídicas que buscam impedir, desvirtuar ou fraudar a aplicação das normas de proteção ao trabalho do cidadão trabalhador e do trabalhador cidadão.

Por tudo isso, parece-me que este livro está em perfeita sintonia com os princípios fundamentais da dignidade da pessoa humana, dos valores sociais do trabalho e da livre-iniciativa, bem como o ideal modelo constitucional de promoção da democracia e justiça sociais em nosso País.

Estão, pois, de parabéns os autores, por nos brindarem com esta excelente obra que, pela sua importância teórica e prática, certamente merecerá ampla acolhida pela comunidade jurídica e, principalmente, o público leitor, como advogados, magistrados, membros do Ministério Público, professores, estudantes e candidatos aos concursos públicos na área justrabalhista e todos aqueles que almejam conhecer a fundo as questões jurídicas atinentes à prova da existência da relação empregatícia.

Carlos Henrique Bezerra Leite

Pós-doutor em Democracia e Direitos Humanos pelo *Ius Gentium Conimbrigae* da Faculdade de Direito da Universidade de Coimbra – Portugal. Doutor e mestre em Direito (PUC/SP). Professor de Direitos Humanos Sociais e Metaindividuais e Direito Processual do Trabalho da Faculdade de Direito de Vitória — FDV (Doutorado, Mestrado e Graduação). Desembargador do TRT da 17ª Região/ES (aposentado). Advogado e consultor jurídico. Foi professor associado do Departamento de Direito da UFES por mais de vinte anos, lecionando direito material e processual do trabalho e direitos humanos. Professor convidado de diversas Escolas Judiciais da Justiça do Trabalho. Titular da Cadeira n. 44 da Academia Brasileira de Direito do Trabalho. Ex-procurador regional do Ministério Público do Trabalho/ES (aprovado em 1º lugar em nível nacional). Ex-diretor da Escola Judicial do TRT/ES. Ex-procurador do município de Vitória-ES. Conferencista e autor de livros e artigos jurídicos.

www.professorbezerraleite.com.br

chbezerraleite@gmail.com

@chbezerraleite

Apresentação

Em tempos sombrios pelos quais passa o Direito do Trabalho — e não é de hoje —, sendo que muito desse obscurantismo tem sido desenvolvido e estimulado por "inimigos internos", ou seja, por profissionais ligados ao Direito do Trabalho, em diversas formas de atuação.

Esses "inimigos internos" do Direito do Trabalho, ou, mais propriamente, dos direitos dos(as) trabalhadores(as), buscam inserir na base da teoria social trabalhista argumentos de ordem econômica, para satisfação dos interesses do capital, mesmo quando não percebem isso e, aparentemente, apenas repercutem uma fala tida como "técnica", "ponderada", "plural", "não sentimental" ou, ainda, "não radical", como costumam expressar.

O argumento técnico seria aquele que vê os dois lados da relação e busca soluções que favorecem tanto o capital quanto o trabalho. Ocorre que, nessa linha de raciocínio, acaba prevalecendo o interesse econômico, em detrimento do projeto socializante e de promoção da justiça social que constituiu a base do Direito do Trabalho, até porque tende a encarar com normalidade o rebaixamento do patamar de proteção jurídica trabalhista.

Mas não há nisso nenhum tipo de pluralidade ou ponderação, uma vez que os direitos trabalhistas são limites impostos ao poder do capital. O Direito do Trabalho, portanto, só tem sentido na realidade social como instrumento de melhoria da condição social e humana dos trabalhadores, uma vez que o modelo de sociedade capitalista, constituída historicamente pela acumulação de riquezas nas mãos de alguns poucos e expropriação dos meios de produção da maioria da população, já atende, com acatamento institucionalizado da lógica de mercado e de produção de mercadorias a partir da base do direito de propriedade, os interesses dos empregadores.

E, para a concreta inserção da rede de proteção jurídica trabalhista, que foi, inclusive, conquista de muitas lutas dos(as) trabalhadores(as), é que se fez necessário identificar, na realidade social, quais eram as relações de trabalho em que a exploração capitalista do trabalho tinha incidência, para delimitar o campo de aplicação do Direito do Trabalho, dando-se nome a esse tipo de relação de trabalho, qual seja, *relação de emprego*.

A relação de emprego, portanto, nada mais é que a relação social juridicamente qualificada em que uma pessoa vende a sua força de trabalho para outra, que, com o resultado do trabalho exercido pela primeira, satisfaz o seu interesse.

Vale perceber que o interesse do empregador, na perspectiva exclusiva da relação de emprego, já está atendido pelo trabalho que o empregado realizou. Se desse processo de trabalho resultará lucro para o empregador é uma situação que não diz respeito à relação de emprego propriamente dita e sim à tão aclamada, pelos próprios capitalistas, "mão invisível do mercado".

Daí por que a regulação da relação de emprego é baseada nas questões pertinentes à condição humana do trabalhador, uma vez que, para o empregador, o único interesse seria a exploração da força de trabalho. E daí por que, também, é tecnicamente impróprio buscar no Direito do Trabalho argumentos que rebaixem a proteção jurídica trabalhista para possibilitar ao empregador obter maior margem de lucro ou mesmo evitar prejuízos.

Mas há de se reconhecer que nesse mundo capitalista tudo está em disputa, atingindo, sobretudo, toda instrumentalidade que tenha valor econômico, e os direitos trabalhistas, integrados ao custo de produção, são alvo dessa disputa.

Assim, toda vez que se procura identificar se em dada relação de trabalho há ou não uma relação de emprego, abre-se o campo para uma disputa, que não deixa de ser também ideológica, já que põe em confronto as diferentes visões de mundo, aquela que se comove e se identifica com as "dores" da classe capitalista, e aquela que compreende as angústias e a situação concreta da classe trabalhadora (e não há outras, como poderia dizer Caetano).

Fato é que não se trata de mera divergência de entendimentos extraídos de possibilidades hermenêuticas contidas nas normas jurídicas aplicáveis ao caso concreto e sim de uma tomada de posição ideológica.

É importante, pois, revelar que os "não radicais", "plurais" ou "ponderados", consciente ou inconscientemente, assumem um lado nessa disputa, que é, insofismavelmente, o da classe capitalista.

É nesse campo de atuação que militam os argumentos da "modernidade" e das "inovações tecnológicas" como fatores que impõem mudanças nas concepções "tradicionais" do Direito do Trabalho e, por consequência, na configuração da relação de emprego.

Marcelo Tolomei Teixeira e Xerxes Gusmão não dissimulam e deixam evidenciado o seu "posicionamento social" — nome mais adequado para aquilo que a fugidia linguagem jurídica chama de "posicionamento jurídico".

Os autores, já no início da obra, desconstroem os argumentos falaciosos que se utilizam para tentar impulsionar retrocessos aos direitos trabalhistas e dialogando honestamente com o leitor, anunciam: "O caminho escolhido pelos autores desta obra é o oposto, a saber: parte-se do pressuposto de que se deve evitar, a todo custo, esse afã pelo elogio impensado às novas formas de enquadramento jurídico das relações de trabalho brasileiras, que passam, invariavelmente, pelo abandono do liame empregatício, para se aferir, concretamente e baseados no princípio trabalhista da primazia da realidade, as condições reais de cada caso sob exame, para se concluir, ao final, se existe ou não o preenchimento dos requisitos do vínculo empregatício".

Um modo de afastar os direitos trabalhistas é o de negar aplicabilidade concreta às normas que conceituam a relação de emprego, o que se faz por meio do esvaziamento e desvirtuamento do conteúdo dos elementos caracterizadores da relação de emprego, notadamente o que diz respeito à subordinação. A subordinação, que foi o instrumento teórico criado para superar as aparências, criadas principalmente pela prática de intermediação de mão de obra, e, assim, vincular juridicamente o capital ao trabalho, nas estratégias de destruição dos direitos trabalhistas é virada do avesso e acaba se transformando em obstáculo para se atingir essa vinculação.

A subordinação deixa de ser apreendida como esse elemento de superação da fraude, para ser um instrumento em favor da fraude, sobretudo, quando passa a ser entendida não a partir de seu propósito, de suplantar as artimanhas criadas pelo capital para se ver livre dos direitos trabalhistas, e sim pelos efeitos, tendo em conta uma práxis que assume a existência de subordinação apenas quando o trabalhador "recebe ordens" ou "bate cartão".

Em meio ao "desafio" de retomar o espaço perdido, certa doutrina trabalhista tenta reconstruir o conceito de subordinação, criando nomes como "subordinação estrutural" ou "subordinação reticular", quando, de fato, trata meramente de subordinação, na forma orginalmente concebida. De todo modo, não deixa de ser um esforço, tragicamente, necessário.

Os autores, atentos às cartas postas na mesa, enfrentam essa questão e bem a definem quando explicitam: "O vínculo de emprego pode ser considerado na medida em que há prestação de uma atividade pessoal para a empresa, com o qual o empregado conta em sua normal previsão, de modo que a prestação se integra, necessária e continuamente na atividade geral da empresa, o empregador conta efetivamente com o trabalho do prestador no momento em que ele necessita, e o empregado sabe quando, como, onde executar as tarefas que desenvolve na empresa ou para ela".

Mas a outra forma, talvez mais insidiosa, é de atribuir ao trabalhador o encargo de provar a existência, no caso concreto, dos elementos jurídicos que identificam uma relação de emprego.

E é exatamente nesse aspecto que reside a maior contribuição da presente obra, que tenho a grande honra de apresentar, valendo destaque à seguinte passagem:

"Um outro aspecto importante sobre o ônus da prova é que o fato de que na verificação da existência do vínculo de emprego não pode se limitar o intérprete ao nome ou a forma atribuída à relação (estágio, franquia, autonomia etc.) e sim averiguar a concretude das relações. Uma modernidade cidadã repele parte da doutrina e da jurisprudência, que, assim agindo, faz com que o ônus da prova, em tais situações, recaia sobre o trabalhador, se afastando do estruturante princípio do direito do trabalho que é o princípio da primazia da realidade.

Um outro dado que deve ser rechaçado é o fato de que a Reforma Trabalhista, ciosa em defender os contratos autônomos, destacou no art. 442- B da CLT: 'A contratação do autônomo, cumprida por este todas as formalidades legais, com ou sem exclusividade, de forma contínua ou não, afasta a qualidade de empregado prevista pelo art. 3º da CLT'. Evidencia-se o desejo do legislador em retirar a exclusividade como indício de subordinação jurídica. Contudo, se estiverem presentes os elementos dos arts. 2º e 3º da CLT, a mera alegação contida em contratos ou outros documentos não retira a possibilidade do reconhecimento do vínculo de emprego".

Em suma, estamos inegavelmente diante de uma obra essencial para instrumentalizar aqueles e aquelas que se integram às disputas do Direito do Trabalho com o olhar da classe trabalhadora.

Boa leitura!

Jorge Luiz Souto Maior

Professor da Faculdade de Direito da USP.
Desembargador do trabalho aposentado do TRT da 15ª Região.

Introdução

As relações de trabalho sofrem permanente evolução, natural por integrarem a sociedade na qual se desenvolvem e que sofre, igualmente, modificações contínuas.

Todavia, é comum a utilização, no Brasil, de um argumento falacioso, sustentando que essa evolução das relações de trabalho deveria, necessariamente, ensejar alterações visando "modernizá-las", por meio do abandono do "vetusto" e "arcaico" vínculo empregatício.

Nesse sentido, os arautos dessa falsa modernidade pregam, com desconcertante veemência, a tese de que somente abandonando aquela superada roupagem jurídica, do liame empregatício, em prol de figuras mais modernas, como uma prestação de serviços de forma autônoma, ou, ainda — a atual obsessão dessa corrente doutrinária —, o festejado estímulo ao empreendedorismo, é que seria possível atingirmos o desejado crescimento econômico nacional.

Nada mais equivocado, contudo, do que essa quimera baseada em premissas notoriamente falsas, se não vejamos, por um lado, a experiência de nenhum país do mundo demonstrou, como sustentam esses defensores do liberalismo econômico, a relação (direta ou indireta) entre a supressão de direitos trabalhistas — verdadeiro intuito do afastamento do vínculo empregatício das relações de trabalho — e o desenvolvimento econômico nacional. Pelo contrário, países com relações de trabalho mais precarizadas são, inevitavelmente, aqueles que possuem economias menos desenvolvidas, com maior incidência de pobreza na sua população.

Por outro lado, não se poderia deixar de consignar que o enquadramento jurídico de determinada relação, seja ela de trabalho ou diversa, não pode, sob pena de absoluta fragilidade da análise jurídica acerca do tema, estar baseado em ditames econômicos.

Em vez disso, o rigor científico que deve nortear tal exame exige o abandono de tais parâmetros economicistas, em benefício de uma abordagem jurídica mais técnica, fundamentada nos elementos efetivamente identificados naquele liame entre as partes.

Desse modo, deduz-se naturalmente que o estudo das relações de trabalho atuais, apesar de efetivamente dever levar em conta a evolução das relações sociais e do desenvolvimento tecnológico do país, não pode, em razão disso, mergulhar numa espécie de devaneio coletivo, apto a cegar o intérprete a ponto de conduzi-lo a uma exaltação insensata de toda forma de suposta modernização, supressora de direitos trabalhistas, mas apresentada como a "nova e inevitável tendência do mercado".

O caminho escolhido pelos autores desta obra é o oposto, a saber: parte-se do pressuposto de que se deve evitar, a todo custo, esse afã pelo elogio impensado às novas formas de enquadramento jurídico das relações de trabalho brasileiras que passam, invariavelmente, pelo abandono do liame empregatício, para se aferir, concretamente e baseados no princípio trabalhista da primazia da realidade, as condições reais de cada caso sob exame, para se concluir, ao final, se existe ou não o preenchimento dos requisitos do vínculo empregatício.

Isso porque a tendência mais fácil é a de se negar, em toda nova relação de trabalho, a existência da modalidade empregatícia, sob o (falso) argumento de que ela não se enquadra nos seus parâmetros clássicos.

Todavia, uma análise mais apurada dos novos vínculos entre trabalhador e tomador de serviços conduz, inefavelmente, a conclusão diversa na maioria dos casos, pois ao se aprofundar o estudo, à luz da evolução natural da forma de subordinação dos trabalhadores modernos, muito distinta da tradicional submissão a um rígido regime de ordens e reprimendas diretas, identifica-se a presença dos requisitos do liame empregatício.

O que não significa, de forma alguma, a defesa de uma tese, na presente obra, de que em toda e qualquer relação de trabalho atual, existente no Brasil, o vínculo empregatício será a única forma de enquadramento jurídico.

Em vez disso, o que ora se sustenta é que a presunção oposta, defendida por parcela da doutrina nacional, alinhada com valores econômicos liberais, que encontra bastante eco na mídia tradicional e na jurisprudência mais conservadora, de que o liame empregatício seria incompatível com o mercado de trabalho atual, é absolutamente falsa, pois ele meramente demanda uma mitigação, muitas vezes mínima, do percentual de lucro do empregador, cuja atividade permanece perfeitamente viável economicamente, ao menos em tese.

Basta, portanto, que se tenha a exata noção de que a natureza do vínculo entre trabalhadores e tomadores de serviços, no Brasil, depende de um exame sério e aprofundado, baseado em elementos reais, não em pressupostos economicistas tendenciosos, para se concluir pela necessidade de um estudo diversificado sobre o tema, o qual será dividido da seguinte forma, neste livro.

Inicialmente, pela análise, no capítulo 1, da necessidade de se identificar a prova do vínculo de emprego à luz da teoria crítica.

Em seguida, no capítulo 2, pela abordagem da interpretação do vínculo empregatício, por meio dos seus requisitos, especialmente a subordinação.

No capítulo 3, serão estudadas as relações complexas de trabalho, como as de empregados com aspectos diferenciados de subordinação ou com contrato de trabalho nulo.

Já no capítulo 4, será analisado o vínculo com o tomador de serviços na hipótese de terceirização ilícita.

Tema que suscita significativa cizânia, no tocante ao vínculo empregatício, é o referente às relações de trabalho digitais, que serão objeto de estudo no capítulo 5 desta obra, com destaque para os trabalhadores em plataformas digitais e para o inédito tema do possível vínculo dos influenciadores digitais.

Os profissionais liberais, por sua vez, serão examinados no capítulo 6.

No capítulo 7, o objeto de estudo serão os trabalhadores nas vendas, cujo vínculo igualmente enseja relevante polêmica.

Por derradeiro, no capítulo 8, visando oferecer ao leitor a visão mais abrangente possível sobre o tema sob exame, serão analisadas atividades diversas, tais como a do portuário, do motorista transportador de cargas, do trabalhador rural, do trabalhador doméstico, do trabalhador de salões de beleza ou do trabalhador de igrejas.

Capítulo 1

A Prova do Vínculo de Emprego à Luz da Teoria Crítica

É sempre contínua e crescente a busca pela efetividade do Direito do Trabalho, seja pela sua própria sobrevivência atual, em tempos neoliberais, ou seja, uma tática defensiva, ou até mesmo no otimismo de seu alargamento, no sentido de levar para trabalhadores desprotegidos seus princípios de proteção social, o que em suma representaria o alargamento de conceito de subordinação para os vários vínculos que hoje não recebem a proteção do Direito do Trabalho.

Podemos perspectivar que talvez os empregos não vão desaparecer, mas que, na medida da atual realidade, tendem a se tornar, na grande maioria, mal pagos e inseguros, daí o necessário otimismo para que os direitos empregatícios existentes sejam a possibilidade de promover a melhoria da classe trabalhadora, como exigem as modernas constituições e que a Organização Internacional do Trabalho (OIT) tenha efetividade de exigir condições humanas mínimas para os trabalhadores.

Há também o pessimismo com as possibilidades do mundo do trabalho, que teria perdido sua centralidade ante as transformações capitalistas, sendo que a atuação sindical represente, na verdade, em lutas corporativas de progresso econômico (impossibilitado em várias partes do mundo) e sem total preocupação ecológica. E que a possibilidade para melhorar a sorte dos explorados passaria a condicionar uma renda básica, com a possibilidade de as pessoas viverem fora do mercado do trabalho, sem estarem condicionadas a um mundo de sobressaltos, assédios e precarização da vida.

Difícil responder a tal proposta nesse espaço. De nossa parte, grassa que o trabalho humano ainda é uma categoria central para os explorados, e que, no sistema capitalista, cabe ainda a luta pelo Direito do Trabalho, lutar pela sua não desregulação e pelo aumento de seu campo de aplicação. E a fé, que são os trabalhadores e seus sindicatos, seus atores derradeiros nessa luta, ainda que seja uma tática e não uma estratégia, para quem acredite que um mundo menos injusto se assente em premissas socialistas com a socialização dos meios de produção, com o fim da icônica mais-valia.

O Direito do Trabalho da atualidade é um direito em transformação já que segue as metamorfoses do sistema capitalista, tendo que dar uma série de respostas para um sistema econômico em crise, que tem, no neoliberalismo, seu atual estágio. Podemos apresentar alguns autores que assim se expressam:

> O Direito do Trabalho, como todo Direito, é um fato político social ligado à estrutura que o produz, produto histórico e produto de uma evolução histórica movido por diferentes fatores interdependentes entre si (dinâmica da luta de classes e atitudes da classe operária, transformações nas técnicas e nos processos produtivos, mutações na composição e estrutura das classes sociais, mudanças e desenvolvimento das formas políticas, estruturação diversa da divisão internacional do trabalho e lugar que nela se ocupa, dinâmica do debate cultural e hegemonia de determinadas opções).(1)

> O Direito do Trabalho também se vê na contingência de se transformar às novas realidades. O Direito do Trabalho integra o vagamento da crise e tem por dever sugerir medidas para resolvê-la. Por isso, deve desvencilhar-se das soluções rígidas do passado característico da era industrial e adaptar-se às novas exigências da sociedade pós-industrial, flexibilizando suas próprias estruturas... Sem renunciar à sua própria razão de ser, o Direito do Trabalho não pode voltar as costas à realidade. Precisa adaptar-se às novas circunstâncias, reforçando alguns de seus institutos para que ele possa melhor servir ao homem, sem perder de vistas os postulados de solidariedade e justiça.(2)

> Direito do Trabalho se inquieta com o seu próprio devir, interrogações que forçam o Direito do Trabalho a reivindicar o seu sentido e a própria compreensão do trabalho dependente.(3)

---

(1) BAYLOS, Antonio. *Direito do Trabalho:* Modelo para armar. Tradução de Flávio Benitez. São Paulo: LTr, 1999. p. 98.

(2) ROMITA, Arion Sayão. *Direitos fundamentais nas relações de trabalho*. 4. ed., rev. e aum. São Paulo: LTr, 2012. p. 93.

(3) REDINHA, Maria Regina Gomes. *A relação laboral fragmentada:* Estudo sobre o trabalho temporário. Coimbra: Coimbra Editora, 1995. p. 9.

As tarefas são gigantescas, até mesmo para a defesa dos direitos fundamentais trabalhistas inscritos na Constituição e nas leis ordinárias (o chamado direito posto). Há violações sistemáticas do ordenamento jurídico laboral pátrio, começando pelo primeiro, e já se aproximando do tema de nosso estudo, podemos citar as ilegalidades patronais em negar a existência da relação de emprego, além de outras bem comezinhas como horas extras não pagas; justa causa arbitrária; assédio moral, seja por conta da necessidade de aumento da produtividade, para que o empregado solicite demissão ou mesmo para os caprichos patronais; trabalho em condições de insalubridade ou periculosidade, cujos adicionais muitas vezes deixam de ser pagos; entre outros. Como assenta Coutinho,[4] "o descumprimento do Direito do Trabalho ou seu esvaziamento faz parte da história da luta política da burguesia para manter ou ampliar as suas margens de lucros".

As fraudes em face dos vínculos de emprego podem ser grosseiras ou, como indica Souto Maior,[5] "mecanismos produtivos são maleáveis e se ajustam, muitas vezes, exatamente com a intenção de dificultar a aplicação do Direito do Trabalho [...]" — vamos voltar a falar sobre tal maleabilidade. O importante é frisar, daí a relevância de nosso tema, é que faz parte do cotidiano dos operadores de direito a intensa discussão sobre a relação de emprego. E nosso ordenamento, como se sabe, aponta objetivamente o que se compreende por vínculo de emprego.

São pressupostos para Paulo Emilio Ribeiro de Vilhena, elementos do suporte fático do contrato de trabalho para Pontes de Miranda, ou elementos fático-jurídicos para Mauricio Godinho Delgado. A ausência de um único desses requisitos põe tudo a perder, ou seja, descaracteriza a qualidade de emprego e devolve o trabalhador para o limbo das atividades desguarnecidas pelo direito do trabalho.[6]

Para relembrar o texto da Consolidação das Leis do Trabalho (CLT):

> Art. 2° Considera-se empregador a empresa, individual ou coletiva, que, assumindo os riscos da atividade econômica, admite, assalaria e dirige a prestação pessoal de serviços.
>
> Art. 3° Considera-se empregado toda pessoa física que prestar serviços de natureza não eventual a empregador, sob a dependência deste e mediante salário.

---

(4) COUTINHO, Grijalbo Fernandes. *Justiça política do capital.* São Paulo: Tirant lo Blanch, 2021. p. 139.

(5) SOUTO MAIOR, Jorge Luiz. *Curso de Direito do Trabalho:* Teoria Geral do Direito do Trabalho. São Paulo: LTr, 2011., p. 77.

(6) SILVA, Homero Batista Mateus da. *Curso de Direito do Trabalho aplicado.* São Paulo: LTr, 2009. p. 12.

São elementos dinâmicos, segundo Mateus da Silva,[7] porque seus perfis evoluem de acordo com a oscilação e das atividades produtivas (maleabilidade acima vista) e interligados, porque à proporção que um deles perde importância, também os demais são esvaziados.

A doutrina classifica como pessoa física — pessoalidade — não eventualidade — onerosidade — subordinação jurídica — falta de risco do empreendimento.

Antes de adentrar na especificidade de cada elemento, cabe uma contextualização e, para tal, demonstraremos a existência de que eles podem se enquadrar no que chamaremos de inadequação — involução — evolução, não só no Brasil, mas em todo mundo capitalista, em que as doutrinas, jurisprudências e as leis vão dando respostas, ou tentando, para as sempre renovações das mudanças no mundo do trabalho.

Expressamos a inadequação porque os elementos fáticos, acima apresentados, assim como grande parte de suas interpretações, são uma realidade da década de 1940, em que predominava o modelo fordista, onde a fábrica era o modelo produtivo dessa sociedade em que predominava a administração do trabalho em blocos de tempo, produção em massa e mecanismos rígidos do controle direto nos locais de trabalho. Realidade diferente de hoje, em que os mecanismos tecnológicos permitem um controle mais por tarefas.

Como ensina Dedeca,[8] o capitalismo já contratou diariamente sua força de trabalho, mas isso se deu no início da Revolução Industrial, depois se tornou necessário estabilizar o contrato de trabalho, exemplo das ferrovias. A partir da década de 1930/40, o modelo industrial fordista representa sincronia tempo-espaço com rigidez no modo de execução no trabalho; era o modelo fordista com funções decompostas em séries de atos, trabalhador executando na ordem e velocidade estabelecida e sob controles das gerências, produção em massa e padronizada.

Com efeito, a década de 1940, em pleno auge da Revolução Industrial, formou o conceito de subordinação clássica, com forte disciplina, relações homogêneas de trabalho, ordens intensas e específicas, horário rígido, entre outras características.

---

(7) SILVA, Homero Batista Mateus da. *Curso de Direito do Trabalho aplicado*. São Paulo: LTr, 2009. p. 12.

(8) DEDECA, Claudio Salvadori. Flexibilidade e regulação de um mercado de trabalho precário: a experiência brasileira. In: GUIMARÃES, Nadya Araújo; HIRATA, Helena; SUCITA, Karumi (Orgs.). *Trabalho flexível, empregos precários?* Uma comparação Brasil, França, Japão. São Paulo: Edusp, 2009. p. 126.

As novas formas de disciplina da empresa neoliberal são exercidas a uma maior distância, de maneira indireta, antes ou depois da ação produtiva, instância psíquica de desejo e culpa (metas e resultados), com a necessidade constante de melhoria de resultado como forma de se manter a empregabilidade. Há uma conciliação, a rigor, exigida para que o empregado tenha criatividade e autonomia no lugar de trabalho, enquadra-se na terminologia recorrente de colaborador, sendo exigidas integração e identificação com os objetivos da empresa, com qualidades pessoais, iniciativa e responsabilidade. Ironicamente, ao invés de se melhorar a qualidade do trabalho, hoje temos mais gente neurótica e gente excluída do processo de produção, signos de precariedade e insegurança e doenças laborais.

Ademais, em muitos setores, temos a polivalência dos instrumentos de trabalho como o uso do computador doméstico, internet e celular, e mais tempo à disposição do empregador. E, sem dúvida, a grande novidade: a utilização das plataformas digitais, geradora da chamada uberização. Ludmila Costhel Abílio(9) relata que se trata de forma de gestão, organização e controle com entrecruzamento do papel do Estado e mais novas formas de gerenciamento proporcionadas pelo desenvolvimento tecnológico (algoritmo) e mais modos de subjetivação (empreendedorismo).

O trabalhador uberizado, que só agora teve alguns direitos reconhecidos pelo período apenas da pandemia, pela Lei n. 14.297/2022 (seguro de vida, pagamento de 15 dias quando afastado por Covid-19, água potável etc.), tem a subordinação e o controle sobre o trabalho, mas que são mais difíceis de reconhecer. A uberização, a rigor, traz um tipo de circulação da força de trabalho que conta com a disponibilidade do trabalhador, mas a utiliza apenas quando necessário de forma automatizada e controlada.

Enfim, todo esse quadro novo do mundo do trabalho mostra a inadequação dos artigos da CLT, que definiram o conceito de empregado, tendo como referência o trabalhador no pé de fábrica, notadamente quanto ao aspecto da subordinação jurídica, e que não se enquadram mais para a realidade do atual mundo do trabalho.

Há involução, a começar até pelo espírito do tempo atual, porque temos atualmente toda a agressividade da política neoliberal — valorizando o "charme do contrato", como diz Antonio Baylos,(10) representado pela criação de direito

---

(9) ABÍLIO, Ludmila Costhel. Uberização: do empreendedorismo para o autogerenciamento subordinado. *Revista Psicoperspectivas: individuo y sociedad*, v. 18, n. 3, p. 1-11, 2019, p. 2.

(10) BAYLOS, Antonio. *Direito do Trabalho:* Modelo para armar. Tradução de Flávio Benitez. São Paulo: LTr, 1999. p. 84.

de forma não imposta, resultado do concurso de vontades livres, que enfatiza a horizontalidade da produção do direito, ao reunir na mesma pessoa legislador e sujeito, daí o trabalhador se incorpora com diligência, fidelidade e lealdade, uma paz com harmonia social e colaboração. Isso tudo em sentido contrário ao Direito do Trabalho, que é, justamente, uma reação à autonomia do direito civil. Como diz Supiot:(11)

> O direito social foi construído sobre uma colocação metódica de dúvida em relação ao consentimento do fraco submetido à vontade do forte, esse consentimento torna-se com a desconstrução do Direito Social, a condição necessária e suficiente da obrigação jurídica.

Como aponta Porto,(12) o neoliberalismo empreende uma guerra, muitas vezes silenciosa, longa e contínua em face do aparato legal trabalhista, e se até meados de 1970 tivemos tendências de expansão no Direito do Trabalho, correlata com a expansão da noção de subordinação em todo o mundo capitalista — que poderia ser intitulada como a época de ouro da jurisprudência e doutrina do trabalho em prol do trabalhador — exatamente nas três décadas após a II Guerra Mundial. o momento atual é de esvaziamento dos princípios laborais, em especial do conceito de subordinação jurídica.

De acordo com a legislação pátria, seguindo Coutinho,(13) podemos traçar um roteiro de involução com as chamadas imunidades trabalhistas, que confere a determinados setores econômicos e não econômicos a prerrogativa de não ter, em tese, suas relações trabalhistas regidas pela Constituição Federal de 1988 (CF/88) (art. 7º) e pela CLT.

A extensa lista inclui: cabo eleitoral sem vínculo de emprego — Lei n. 9.504/1977; transportadores de carga na sua relação com os motoristas (Lei n. 11.442, de 5 de janeiro de 2007; proprietários dos salões de beleza e similares em relação ao trabalho mantidos com cabelereiros e outros profissionais do mesmo ramo — Lei n. 13.352, de 27 de outubro de 2016; tomadores dos serviços domésticos e os trabalhadores denominados diaristas, que laboram até duas vezes por semana na mesma residência — Lei Complementar n. 150, de 1º de julho de 2015; cooperativas de trabalho protegidas em detrimento das pessoas que lhe

---

(11) SUPIOT, Alain. *O espírito de Filadélfia:* a justiça social diante do mercado total. Tradução de Tânia do Valle Tschiedel. Porto Alegre: Sulina, 2014. p. 56.

(12) PORTO, Lorena Vasconcelos. *A subordinação no contrato de trabalho.* São Paulo: LTr, 2009. p. 31.

(13) COUTINHO, Grijalbo Fernandes. *Justiça política do capital.* São Paulo. Tirant lo Blanch, 2021. p. 145.

prestam serviços — Lei n. 8.949 de 9 de dezembro de 1944; imobiliárias e incorporadoras em sua relação de trabalho com os corretores — Lei n. 6.530, de 12 de maio de 1978; grandes indústrias, fornecedoras e marcas de produtos com os representantes comerciais — Lei n. 4.886, de 9 de dezembro de 1960; a contratação de advogados dos mais variados portes, sob o manto jurídico da existência de sociedade prevista no Estatuto dos Advogados — Lei n. 8.906, de 4 de julho de 1994, Lei n. 13.247, de 12 de janeiro de 2016; a declaração pelo art. 442-B (Lei n. 13.467, de 13 de julho de 2017 — a reforma trabalhista) da CLT de que a contratação de autônomo, observada as formalidades legais, afasta a declaração de vínculo de emprego.

Observa ainda Coutinho(14) que, em todo caso, para verificar a existência, ou não de terceirização legal ou de vínculo de emprego entre as partes, segundo requisito do art. 3º, da CLT, temos que ponderar pelo princípio da primazia da realidade, que nenhum dispositivo de lei pode inviabilizar a produção de prova com tal escopo, muito menos acarretar antecipadamente a improcedência do pleito obreiro. Relembra o autor, com acerto, que a ausência de vínculo de emprego, de diversas regulações jurídicas de categorias econômicas e profissionais, não passou pelo seu crivo constitucional. Enfim, esse é o quadro de nosso madrasto momento para os interesses dos trabalhadores.

Podemos pensar em alguma evolução, se considerarmos que há movimento, ainda que tímido, de adaptação da doutrina e legislação, em face da nova modernidade do trabalho. A chamada expansão do Direito do Trabalho, em tempos atuais, é muito vagarosa, notadamente se considerados os meios tecnológicos atuais de administração do trabalho, mas não podemos deixar de considerar a realidade, por exemplo, do teletrabalho, organizado pelo art. 75 da CLT.

(14) COUTINHO, Grijalbo Fernandes. *Justiça política do capital.* São Paulo. Tirant lo Blanch, 2021.

Capítulo 2

A Interpretação

Ao longo de tudo que já foi exposto e ainda será, haverá sempre um lastro fundamental que é o da interpretação jurídica. Possibilidades de intervenções do legislador nessa temática, principalmente no sentido de negar relações de emprego genuínas ou mesmo de admiti-las, mas lhe dar um tratamento diferenciado de integridade de direitos (*vide* exemplo da parassubordinação), será sempre uma possibilidade. Contudo, é papel do intérprete estar atento para a nova realidade do mercado de trabalho e se inclinar para os princípios protecionais que regem o Direito do Trabalho.

Não há necessidade de tratamentos sofisticados para o tema, basta atentar para a tradicional interpretação histórico-evolutiva, que nada mais é do que a necessidade de se interpretar de acordo com as exigências sociais imprevistas, ou seja, as variações históricas que fizeram os intérpretes se inclinarem para as teorias da responsabilidade por riscos criados, para a teoria da imprevisão dos contratos, para a teoria do abuso do direito, entre tantas outras, dando respostas felizes para sucessivos desafios.

É necessário que os intérpretes avancem na temática dando novas significações para a temática de "dependência", de "subordinação" e de "responsabilidade", e evitem que as empresas se eximam de suas responsabilidades, como as empresas de plataforma digital, movimento de denominação de "uberização" do trabalho.

Importante, então, perspectivar sobre a modernidade da interpretação, seguindo a orientação de José Maria Cárcova,[15] que nos oferece uma interessante perspectiva do movimento interpretativo.

Para o jurista argentino, a partir de meados dos anos 1970, todas as teorias importantes superaram a tradição positivista com articulação entre direito e política (teorias críticas), com direito se relacionando com justiça ou ética (Rawls,

---

(15) CÁRCOVA, José Maria. *As teorias jurídicas pós-positivistas*. Belo Horizonte: Casa do Direito, 2016. p. 55 e ss.

Habermas e Workin) ou o intercâmbio entre direito e comunicação social (Luhmann). As próprias ideias do garantismo são ligadas ao valor da legalidade, nem por isso reificam a norma, nem fogem do debate com a justiça.

Ao contrário do positivismo, que reduziu o direito às normas e o conhecimento delas a uma operação dedutiva ou indutivo-dedutiva, o que envolve a eliminação de qualquer cálculo finalista, a modernidade há de compreender que textos jurídicos são fenômenos sociais e, portanto, criados e lidos (isto é interpretação, num determinado tempo e lugar).

Não há fórmulas matemáticas nem lógicas que assegurem que as escolhas do magistrado sejam necessariamente certeiras, nem quando da escolha dos fatos relevantes, nem ao alcance de suas mãos, as partes contam as suas verdades, ou seja, afirmam a própria versão e, por outro lado, procuram diminuir, controverter o relato da parte contrária. Caberá ao juiz ter estratégias heurísticas com intuição própria, interpretar um fato significa incluí-lo numa certa classe de fato, subsumi-lo numa norma ou qualificá-lo segundo a norma para atribuir-lhe a consequência jurídica que ele determina.

As "estratégias heurísticas" impõem ao juiz compreender o todo, as consequências da causa que está julgando, o mundo do trabalho em que vivemos, as possibilidades de novas interpretações etc.

Claro que a questão se torna mais complexa se lembrarmos os ensinamentos de Warat,[16] ao aludir que não há método neutro ideologicamente. Nenhum intérprete, graças ao seu método, será neutro ou imparcial. Interpretar não deixa de ser uma opção ideológica, com escolhas de premissas. De modo que a questão de uma metodologia moderna para o vínculo de emprego, como proposta, aqui se impregna de uma necessária luta política, envolvendo atores como sindicatos, advogados e juízes comprometidos com valores sociais.

Apresentado o panorama acima, cabe-nos, agora, analisar de forma mais detalhada os elementos caracterizadores do vínculo de emprego e que são, como visto, o norte para declaração ou não das relações de emprego vindicadas no âmbito da Justiça do Trabalho.

2.1. Trabalho por pessoa física

Os bens tutelados pelo Direito do Trabalho (jornada, salários, férias, higiene, segurança) importam à pessoa física, ou seja, a rede de segurança existente é para

(16) WARAT, Luis Alberto. *Introdução geral ao Direito*. Porto Alegre: Sergio Antonio Fabris, 2014. p. 92.

proteção do ser humano, que tem o direito de vender sua força de trabalho, direito que se traduz também em liberdade, própria de um sujeito de direito.

A teoria crítica vai apontar como um "milagre" de equalização, uma igualdade formal, fictícia, se considerarmos a realidade desses sujeitos no sistema de produção capitalista (o empregado só tem, via de regra, sua força de trabalho para vender e sobreviver). Enfim, a necessidade do capital em comprar a força de trabalho é que acaba criando a figura estruturante dos sujeitos de direitos.

Citamos as seguintes doutrinas:

> A prestação de serviços que o Direito do Trabalho toma em consideração é aquela pactuada por uma pessoa física (ou natural). Os bens jurídicos (e mesmo éticos) tutelados pelo Direito do Trabalho (vida, saúde, integridade física e psíquica, segurança, igualdade em sentido substancial, bem-estar, lazer etc.) importam à pessoa física, não podendo, em grande parte, ser usufruídos por pessoas jurídicas. Assim, a figura do empregador há de ser sempre, uma pessoa natural.(17)
>
> Essência da CLT é que haja um ser humano por trás da prestação de serviços.(18)
>
> Somente pode ser empregado pessoa natural, e nunca uma entidade, pessoa jurídica ou coletiva.(19)

Há, portanto, uma visão teleológica ou finalística do Direito do Trabalho, bem afeta aos postulados dos direitos humanos, que é o de operacionalizar a dignidade da pessoa humana, condições existenciais mínimas que é o direito de ter uma vida com dignidade, com trabalho e justa remuneração, sendo irrenunciáveis e inalienáveis tais direitos. Destarte, o Estado, que existe em função da pessoa humana, que é centro convergente de direitos, porque fim em si mesmo, sendo que na CF/88, ao se referir ao direito do trabalho, implicitamente, já está compreendido que o trabalho valorizado pelo texto constitucional é do trabalho digno, já que o eixo do Estado é a dignidade da pessoa humana, direitos, indisponíveis, que não poderiam jamais retrocederem.

---

(17) DELGADO, Mauricio Godinho. *Curso de Direito do Trabalho*. 19. ed., rev. e atual. São Paulo: LTr, 2020. p. 339.

(18) SILVA, Homero Batista Mateus da. *Curso de Direito do Trabalho aplicado*. São Paulo: LTr, 2009. p. 11.

(19) MORAES FILHO, Evaristo de; MORAES, Antonio Carlos Flores de. *Introdução ao Direito do Trabalho*. 11. ed. São Paulo: LTr, 2014. p. 242.

Pode ocorrer a dissimulação do vínculo de emprego através da utilização fraudulenta de pessoa jurídica, quando a pessoa física é mesmo empregada, mas é obrigada a passar recibos em nome de pessoa jurídica. Provado tal fato, será obrigatório o reconhecimento do vínculo de emprego e pagamento de todos os direitos decorrentes (*vide* art. 9º da CLT). Como explica Mauricio Godinho Delgado:[20]

> Obviamente que a realidade concreta pode evidenciar a utilização simulatória da roupagem da pessoa para encobrir prestação efetiva de serviço por uma pessoa física (art. 9º, CLT), celebrando-se uma relação jurídica sem a indeterminação de caráter individual que tende a caracterizar a atuação de qualquer pessoa jurídica. Demonstrado, pelo exame concreto da situação examinada, que o serviço diz respeito apenas e tão somente a uma pessoa física, surge o primeiro elemento fático-jurídico da relação empregatícia.

Na atualidade, temos a chamada pejotização, a partir de 2005. Foi possibilitado, até mesmo, que as empresas de prestação de serviços intelectuais pudessem se inscrever no chamado supersimples. Dois aspectos são importantes: quando o empregado é demitido e depois convidado para reabrir uma empresa para prestar serviços, se as condições de labor forem as mesmas, há evidentemente fortes indícios de fraude, ou, então, pequenos aspectos são mudados como uma maior flexibilização de horários e substituições eventuais por terceiros na prestação, mas na essência a prestação pessoal é a mesma e com os demais elementos fáticos do contrato de trabalho.

Um outro aspecto, comum nas defesas patronais, é a alegação de que o próprio prestador desejou ser um "pejotizado", diante do argumento de que isso até mesmo o beneficiou no aspecto fiscal (há, via de regra, menor incidência de impostos para pessoa jurídica do que para um trabalhador assalariado). Mesmo que assim seja provado, não pode o empregado (falso prestador de serviço via empresa) abrir mão de sua condição, já que, em sentido contrário, estaria fraudando o fisco e condições específicas de segurança e higiene. Em suma, não poderia abrir mão de sua condição de empregado se presentes os demais elementos celetistas.

---

(20) DELGADO, Mauricio Godinho. *Curso de Direito do Trabalho*. 19. ed., rev. e atual. São Paulo: LTr, 2020. p. 339.

2.2. Pessoalidade

O trabalho tem que ser prestado pela pessoa que foi contratada — *intuitu personae*, ou seja, tem que prestar trabalho para seu empregador quem foi contratado para tal — obrigação de fazer infungível.

A doutrina assim se posiciona, apontando que tal peculiaridade é só do empregado, mas que haja, de fato, a infungilidade:

> O contrato de trabalho, quanto à pessoa do prestador de serviço, ainda o é, na maioria dos casos, *intuito personae*, isto é, celebrado tendo em vista as peculiares qualificações pessoais e profissionais de determinado candidato a emprego.(21)
>
> É essencial à configuração da relação de emprego que a prestação do trabalho, pela pessoa natural, tenha efetivo caráter de infungibilidade [...].(22)

Admite-se, contudo, eventuais substituições, quando o próprio empregador a autoriza tácita ou expressamente. Aliás, para algumas categorias, como músicos, médicos, vigilantes e seguranças, tal prática é muito comum, ou seja, substituições eventuais na ausência do empregado. *Vide* a doutrina:

> É óbvio, contudo, que uma intermitente e constante substituição consentida pode ser parte relevante de um contrato de prestação de serviços de caráter autônomo e *sem pessoalidade* (como ocorre com o representante comercial que credencia prepostos seus) — o que colocaria a relação jurídica examinada distante da figura típica da relação empregatícia.(23)

A questão mais complexa é definir o que seriam substituições frequentes e habituais, a ponto de impossibilitar a caracterização da pessoalidade. Teríamos que analisar caso a caso.

---

(21) MORAES FILHO, Evaristo de; MORAES, Antonio Carlos Flores de. *Introdução ao Direito do Trabalho*. 11. ed. São Paulo: LTr, 2014. p. 243.

(22) DELGADO, Mauricio Godinho. *Curso de Direito do Trabalho*. 19. ed., rev. e atual. São Paulo: LTr, 2020. p. 339.

(23) *Idem*.

Podemos ainda lembrar que, no trabalho em domicílio (a ser analisado adiante), o auxílio de familiares é permitido sem que isso descaracterize o vínculo de emprego. Quanto ao teletrabalho e contrato por equipe, alguns entendem que a pessoalidade se rarefaz também.

2.3. Não eventualidade

Sem dúvida, a mais complexa. Temos quatro teorias: a teoria da descontinuidade, a teoria do evento, a teoria da fixação jurídica e a teoria dos fins do empreendimento (ou fins da empresa). A teoria da descontinuidade, que informa que o trabalho que se fracione no tempo perde o caráter de fluidez temporal necessária; a teoria do evento, que admite que é eventual o trabalhador admitido em virtude de um determinado e específico fato, tese na verdade não acolhida, já que o serviço pode ser curto mas a necessidade permanente; a teoria da fixação jurídica, que considera eventual o trabalhador que não se fixa numa fonte de trabalho, exemplo do "boia-fria" e do chapa (ajudante de carga e descarga em caminhões e a diarista que vai, de vez em quando, fazer a limpeza da residência) — tese que é problemática já que a exclusividade não é requisito para formação do vínculo empregatício; e, por fim, o conceito mais aceito que é a teoria dos fins do empreendimento (ou fins da empresa), que afirma que ser eventual o trabalhador chamado a realizar tarefa não inserida nas necessidades permanentes da empresa, portanto, desde que o serviço não seja excepcional ou transitório em relação à atividade do estabelecimento, mesmo que prestados em poucas horas ou em curta duração de tempo será considerada a não eventualidade, e o prestador poderá ser considerado empregado.

Mario de La Cueva apresenta a não eventualidade como sinônimo de necessidade permanente da empresa. Evaristo de Moraes Filho(24) cita o autor mexicano:

> Isto é, que não se trata de um serviço meramente acidental, cuja repetição somente possa ser consequência do concurso de circunstâncias especiais, ou, o que é o mesmo, que o serviço não faça parte das atividades normais, constantes e uniformes da empresa. Depreende-se do exposto que a existência de um empregado efetivo não depreende que o trabalhador preste serviço todos os dias, mas que o referido serviço seja prestado de maneira uniforme, em períodos de tempos

(24) MORAES FILHO, Evaristo de; MORAES, Antonio Carlos Flores de. *Introdução ao Direito do Trabalho*. 11. ed. São Paulo: LTr, 2014. p. 244.

> fixos. Assim, por exemplo, o serviço que presta uma pessoa por duas vezes por semana a uma empresa constitui um emprego efetivo, mas não o será se só por uma circunstância acidental, desarranjo de uma máquina, se chama um mecânico especial, e concluído este trabalho, fica desligado o trabalhador, sem que se saiba se voltarão ou não a ser utilizados seus serviços.

Realmente, quanto mais instantânea for a relação, menor a chance de configuração de uma relação de emprego. A maior expressão de defesa da relação de emprego é a demonstração de que ela não decorre de uma exigência espontânea (como do trabalho de um eletricista em uma empresa de contabilidade, entre outras).

Seguindo o roteiro de Mateus da Silva,(25) podemos lembrar que há vínculo de emprego do garçom com o restaurante ou serviço de buffet, quando se observa que a atividade se repete com frequência (exemplo, um trabalho prestado toda segunda-feira, das 13h00 às 15h00, é suficiente para configurar uma relação de emprego). Outros exemplos podemos citar: um chapa (carregamento e/ou descarregamento de caminhão), dependendo da habitualidade, pode ser considerado um empregado; um jornalista, dependendo da mesma regularidade, pode ser considerado um empregado, dependendo da análise da subordinação jurídica.

Que se lembre, ainda, que o contrato intermitente (art. 443 da CLT) é um trabalho não eventual, portanto, contrato de emprego.

2.4. Onerosidade

No plano objetivo há onerosidade ante a prestação, pelo empregador, de salário em dinheiro ou utilidades — não há dificuldades de análise.

Na dimensão subjetiva significa que tal foi a intenção, embora, não tenha, por exemplo, nada percebido o empregado — exemplo raro, mas possível; longos períodos sem receber nada indicam presunção da inexistência de onerosidade.

Se a motivação principal é a aquisição de uma vantagem econômica, nos encontramos de acordo com o trabalho prestado a título oneroso. Se a motivação principal é altruísta — ajudar a outras pessoas, colaborar com uma causa que se estima digna de apoio — nos encontramos ante o trabalho benévolo ou de favor.

---

(25) SILVA, Homero Batista Mateus da. *Curso de Direito do Trabalho aplicado*. São Paulo: LTr, 2009. p. 85.

Enfim, as motivações do trabalho benéfico por conta alheia podem ser muito diversas: amizade, caridade, militância política ou sindical, religiosa, entre outras.

Um caso comum é trabalho por favor, hábito de uma casa, por exemplo, e fazer algumas atividades em reconhecimento para o dono, o que pode caracterizar uma servidão disfarçada, ou mesmo trabalho escravo em alguns extremos — típica situação de emprego.

A doutrina preconiza a avaliação de se perceber a intenção das partes:

> Por isso mesmo, dizemos nós, devem ser consultados todos os elementos objetivos e subjetivos na realização do contrato ou da prestação de serviços. A intenção das partes é da maior importância (art. 112 do CC, art. 85 do antigo).(26)
>
> É evidente que se trata de situações concretas fronteiriças, inquestionavelmente próximas às situações empregaticiamente caracterizadas. Nesse contexto, identificar-se a precisa natureza conferida pelas partes — notadamente o prestador — ao fato de a prestação de trabalho exigir sempre cuidadosa pesquisa do operador do Direito.(27)

A referida subjetividade há de ser analisada com cuidados. É muito comum que o prestador alegue em depoimento que, de fato, se empenhou em trabalhos religiosos ou de caridade, por acreditar na causa, mas se caracterizada a existência de algum tipo de onerosidade (dinheiro e/ou utilidades), e as demais condições dos elementos do art. 2º e 3º da CLT, cremos na possibilidade do reconhecimento do vínculo empregatício. Sobre o tema, citamos a doutrina:

> O fato de um trabalhador aceitar o cargo de pastor e ter exercido esse mister por crença religiosa e ideologia não afasta o vínculo de emprego, pois a lei não excepciona esta hipótese. Desta forma, o liame empregatício se forma em qualquer caso em que estejam presentes os requisitos necessários para a formação do vínculo de emprego, salvo lei em sentido contrário.(28)

---

(26) MORAES FILHO, Evaristo de; MORAES, Antonio Carlos Flores de. *Introdução ao Direito do Trabalho*. 11. ed. São Paulo: LTr, 2014. p. 244.

(27) DELGADO, Mauricio Godinho. *Curso de Direito do Trabalho*. 19. ed., rev. e atual. São Paulo: LTr, 2020. p. 348.

(28) CASSAR, Vólia Bomfim. *Direito do trabalho*. 8. ed. Rio de Janeiro: Forense; São Paulo: Método, 2013. p. 263.

Muitas vezes, a própria norma declara expressamente o caráter não retributivo do trabalho para descartar a existência da relação laboral, como ocorre nos trabalhos em benefício da comunidade, ou como forma de reabilitação, como ocorre com o trabalho prisional (art. 28, § 2º, da Lei n. 7.210/84). Em tais casos, não há, de fato, vínculo de emprego.

2.5. Subordinação

Talvez Mateus da Silva(29) tenha razão ao afirmar que mesmo sem desmerecer os demais elementos celetizados sobre o contrato de trabalho de que, a rigor, a subordinação é o elemento que exerce papel central, até porque, na prática, as defesas alegam trabalho autônomo para rebater a alegação de relação de emprego, sendo menores as alegações de trabalho ocasional, trabalho voluntário e trabalho impessoal. Destarte, o elemento subordinação jurídico é icônico na literatura jurídica, até mesmo na comparada, e merecedor de um resgate até histórico.

Para começar, temos que a doutrina, e também a jurisprudência pátria, substituiu a expressão dependência usada na CLT por subordinação jurídica. Prevaleceram as lições de Barassi, que tomava a subordinação ligada à execução da prestação laborativa, se afastando de qualquer conotação como vínculo de dependência pessoal, já que a ideia é do desenvolvimento da relação de emprego, como forma subordinada de prestação de trabalho sem interferência na liberdade e na vida do empregado.

Assim sendo, esse elemento, dos mais essenciais, ou seja, a subordinação jurídica, e que dá acesso aos direitos trabalhistas, não deixa de ser irônico que tenha seu nome como de "dependência", mas que acabou então sendo substituída não só no Brasil, mas no mundo, por "subordinação", que exprimiu, com certeza, a construção doutrinária dos juslaboralistas mundiais, e que agora ronda com algumas incertezas, como veremos, no sentido de se tratar de uma subordinação clássica ou uma subordinação estrutural. Por ora, vamos nos ater ao conceito da dependência econômica e técnica.

2.5.1. Dependência econômica

Explicamos que utilizaremos ao longo dessa explanação a rica pesquisa de Lorena Vasconcelos Porto, que em sua "A subordinação no Contrato de Trabalho — uma releitura necessária", oferece inigualável estudo sobre o tema. Pois bem, a natureza jurídica não é a dependência econômica, segundo entendimento de

(29) SILVA, Homero Batista Mateus da. *Curso de Direito do Trabalho aplicado*. São Paulo: LTr, 2009. p. 21.

grande parte da doutrina e jurisprudência. Contudo, é interessante notar que a defesa da dependência econômica foi criadora do Direito do Trabalho, já que sua perspectiva era melhorar as condições de vida dos trabalhadores. E mais, a dependência econômica, em certa etapa da evolução histórica da jurisprudência trabalhista, era quem dava o tom para o reconhecimento do trabalho capaz de abranger os direitos trabalhistas, disputou nas primeiras décadas do século XX, na Europa com a subordinação jurídica para caracterizar o contrato de trabalho.

Enfim, a Corte de Cassação Francesa, da década de 1930, já optava pelo critério da subordinação jurídica. A doutrina potente do italiano Barassi também negava a dependência econômica, já que dizia que esta era mero ponto de vista sociológico.

Há argumentos no sentido de que o empregado pode não ser economicamente dependente do empregador, por possuir outro emprego, por ser herdeiro de consideráveis bens ou se o rendimento obtido com o trabalho prestado seja tão pequeno que dependa de várias outras fontes para a manutenção da sua vida. De modo que acabou sendo consagrado pela doutrina e jurisprudência um campo consideravelmente majoritário que desconsidera a dependência econômica como elemento inválido para considerar a existência do vínculo de emprego; contudo, havemos de fazer considerações diversas sobre tal temática.

Já na década de 1920, René Savetir admitia que a configuração do contrato de trabalho poderia resultar, tanto da subordinação jurídica quanto da dependência econômica. Outro teórico, Passarelli, admitida a possibilidade da utilização sucessiva, ou seja, se não houvesse subordinação jurídica, poderia ser caracterizado o vínculo se presente a subordinação econômica.

Mas devemos atentar, sobretudo, como nossa realidade jurídica, ante a precisa advertência de José Martins Catharino, que aponta a possibilidade de a dependência econômica ser elemento para configuração de vínculo de emprego quando o salário seja o principal meio de vida, e a absorção do tempo disponível do obreiro pelo empregador seja predominante. Lembra, ainda, o mestre baiano, sobre a elasticidade do conceito de subordinação, a partir do próprio art. 3º da CLT que se refere a dependência sem nenhuma adjetivação ou qualificação.

Portanto, fica nossa convicção de que nada impede a possibilidade do critério da dependência econômica a ser utilizada, não como definidor da subordinação, mas como um dos indicadores que revelam uma presunção relativa da existência do vínculo empregatício.

2.5.2. Dependência técnica

Havia a acepção de o empregador, por ter o controle técnico da produção, ter o empregado como seu subordinado. Mas, na prática, é plenamente possível que um empregado possa ter todo o domínio das operações fabris ou das técnicas de prestações de serviços ou das operações comerciais e, ainda assim, ser considerado um empregado, mesmo tendo confiança especial ou excepcional, como no caso dos cargos de confiança ou altos empregados.

Ademais, é próprio da modernidade que as empresas em que "a tecnologia é adquirida e controlada pelo empresário mediante instrumentos jurídicos, sem necessidade de seu preciso descortinamento intelectual acerca do objeto controlado".[(30)]

2.6. Subordinação jurídica

Para a teoria clássica, subordinação está identificada com a sujeição do trabalhador a ordens intensas. São importantes indícios o fato de o trabalhador ter horário de trabalho, exigência de produção, de usar uniforme, receber ordens diretas do empregador, trabalhar de forma exclusiva para o empregador etc. Não há dúvida de sua maior precisão em face de qualquer outra teoria, como podemos verificar nas audiências de instrução trabalhistas, em que tais questões são intensamente perseguidas.

Mas a teoria clássica de subordinação jurídica está longe de representar a única possibilidade de interpretação. Tal ortodoxia encontrou e encontra pelo mundo forte resistência, haja vista as transformações advindas com as metamorfoses capitalistas, acima já verificadas. De modo que, tendo como referência a obra de Lorena Porto,[(31)] faremos um passagem rápida pelas diversas tendências existentes.

Na Itália, destaque para a heterodireção, já que as empresas requerem sujeitos para efetuarem escolhas autônomas, bem diferente do período do trabalho industrial clássico, que se caracterizava por tarefas fragmentadas e repetitivas. Nessa fase atual, há uma maior horizontalidade das relações (ou diluição da hierarquia), capacidade de cada sujeito de efetuar as melhores escolhas operativas, com exigências de atualização cultural e técnica contínua, e ainda com orientação constante aos objetivos e resultados.

---

(30) DELGADO, Mauricio Godinho. *Curso de Direito do Trabalho*. 19. ed., rev. e atual. São Paulo: LTr, 2020. p. 351.

(31) PORTO, Lorena Vasconcelos. *A subordinação no contrato de trabalho*. São Paulo: LTr, 2009. p. 252 e ss.

O meio utilizável pode ser diverso, mas se encontra trabalho subordinado quando estão presentes a pessoalidade e a continuidade da prestação, e há apropriação do resultado por parte do empregador. Nesse conceito, é absolutamente prescindível a circunstância de que as modalidades intrínsecas da prestação sejam, no todo ou em parte, determinadas pelo trabalhador, ou seja, admite-se que a forma de execução tenha uma liberdade bem maior do que a da clássica definição da subordinação.

Na Espanha, destaque para seus importantes doutrinadores como Manoel Alonso Olea (criador do conceito de *ajenidad*), que entende que no contrato subordinado há um caráter alheio aos frutos do trabalho, no sentido de que os frutos produzidos pelo empregado, através de sua prestação, pertencem originalmente ao empregador, frutos que são entregues ou colocados à sua disposição em virtude da celebração anterior do contrato de trabalho.

Ao trabalho por conta alheia (ou subordinado), opõe-se o por conta própria (ou autônomo), no qual quem trabalha detém a titularidade inicial dos frutos de sua atividade, sem prejuízo de que, *a posteriori*, poderá também dispor por meio de variados títulos jurídicos. A alienação consiste exatamente nisso, *ab anitio*, desde o exato momento da sua produção, os frutos pertencem a um terceiro, não ao trabalhador.

No contrato por contra própria, segundo outro grande doutrinador espanhol, Antonio Martín Valverde,[(32)] os frutos e resultados do trabalho não são adquiridos nem sequer num primeiro momento pelo trabalhador, sendo que passam diretamente a outra pessoa, que se beneficia desses desde o instante que se produzem.

Explica ainda Valverde[(33)] que, quando o trabalhador pode dispor plenamente sobre o modo de execução de seu trabalho, nos encontramos ante o trabalho autônomo, mas admite que quem vai adquirir os frutos do resultado do trabalho procurará por influir a sua execução, concernentes principalmente as relações de mercado com os clientes e o cálculo de retribuição.

Vale a explicação de que na Espanha o conceito de empregado é fixado como de "quem voluntariamente presta seus serviços retribuídos por conta alheia e dentro do âmbito de organização e direção de outra pessoa, física ou jurídica,

---

(32) VALVERDE, Antonio Martín. *Derecho del Trabajo*. Madri: Tecnos, 2014. p. 33.

(33) *Ibidem*, p. 39.

denominada empregador ou empresário", de modo que devem estar presentes a voluntariedade, a *ajenidad*, a subordinação e a retribuição.[34]

Com efeito, a subordinação, segundo Valverde,[35] soa, às vezes, como submissão às ordens em todos os aspectos e circunstâncias — de tempo, de lugar e de modo – da prestação de trabalho. Outras vezes, em mudança extrema, a subordinação não passa de uma adaptação ou acomodação da própria atividade laboral aos critérios organizativos do empregador.

Essas formas de controle vão desde o "taylorismo", em que as ordens de trabalho chegam a detalhe da execução do ato de trabalho, até as chamadas "equipes semiautônomas de trabalho", em que o centro hierárquico se reduz ao mínimo.

Outro doutrinador espanhol, Manuel Ramón Alarcón Caracuel, afirma que, quando houver dúvidas sobre relação de emprego, podemos observar que se houver um terceiro (empregador) se colocando sempre entre o trabalhador e os clientes, gerando até relações jurídicas entre o empregador e seus clientes (geradas por contrato de compra e venda, de prestação de serviços, de empreitada etc.), fazendo, em suma, que o trabalhador, que não se relaciona juridicamente com o destinatário final do seu serviço, estaremos diante do contrato de trabalho típico.

Por seu turno, Bayón Chacón e Perez Botija entendem que o empregado é apartado da possibilidade de acesso ao mercado de bens e serviços (alienação no mercado), o que faz com que ele seja alheio em relação aos resultados que aquele acesso oferece, sejam eles benéficos ou desfavoráveis, principalmente porque há uma alienação quanto ao insucesso do empreendimento.

Na Alemanha, destaque para Rolf Wank, que busca definir o trabalho subordinado a partir de critérios negativos, definindo o trabalho autônomo a partir da liberdade empresarial, participação nos riscos e a possibilidade de realizar ganhos. Daí o autônomo atua como empresário, com influencia nas compras (mercadorias, preços, fornecedores, qualidades), nas vendas e na organização (contratação de colaboradores, definindo a atividade de produção e organização nos estabelecimentos).

Por seu turno, não toma o trabalhador subordinado decisões em nome e em riscos próprios, e sim por conta e risco do patrão, de modo que a sujeição ao

(34) VALVERDE, Antonio Martín. *Derecho del Trabajo*. Madri: Tecnos, 2014. p. 174.

(35) *Ibidem*, p. 42.

poder diretivo subsiste se o trabalhador não tem nenhuma margem de liberdade empresarial, ou se o resultado da prestação do trabalho não lhe é imputada.

A liberdade empresarial, particularmente, é ausente se o trabalhador não ocupa outros trabalhadores sob a própria dependência, se não é datado de uma organização própria, se não investe capitais próprios na sua atividade e se, em linhas de princípio de presunção ainda mais forte de vínculo de emprego, prestar a sua atividade em favor de um único empregador.

No Brasil, destacamos a chamada relação objetiva de subordinação, do saudoso jurista mineiro Paulo Ribeiro de Vilhena, que destaca a possibilidade de ordens diretas ou cada vez mais remotas (o que é a atualidade em muitos segmentos) por parte do empregador.

O vínculo de emprego pode ser considerado na medida em que há prestação de uma atividade pessoal para a empresa, com o qual o empregado conta em sua normal previsão, de modo que a prestação se integra, necessária e continuamente, na atividade geral da empresa. O empregador conta efetivamente com o trabalho do prestador no momento em que ele necessita, e o empregado sabe quando, como e onde executar as tarefas que desenvolve na empresa ou para ela.

Assim, como a chamada subordinação estrutural do professor Godinho,(36) aponta a existência de subordinação jurídica pelo fato de o trabalhador absorver a cultura e a lógica empresarial. De modo que tal subordinação se manifesta pela inserção do trabalhador na dinâmica do tomador dos seus serviços, independentemente de receber (ou não) suas ordens diretas, mas acolhendo, estruturalmente, sua dinâmica de organização e funcionamento. Tenta-se, assim, superar as dificuldades de enquadramento de situações fáticas que o conceito clássico de subordinação tem demonstrado.

Lorena Vasconcelos Porto(37) apresenta a teoria da subordinação integrativa, focada nas atividades do trabalhador perante a empesa, já que quando essas estiverem em conformidade com as atividades-fim ou atividades meio, e ainda acrescidas as circunstâncias de o trabalhador não possuir uma organização empresarial própria, não assumir verdadeiramente riscos de perdas e de ganhos; e não sendo proprietário dos frutos de seu trabalho, que pertencem, originariamente, a organização produtiva alheia para o qual presta a sua atividade, estaremos diante de um contrato de trabalho.

---

(36) DELGADO, Mauricio Godinho. *Curso de Direito do Trabalho*. 19. ed., rev. e atual. São Paulo: LTr, 2020.

(37) PORTO, Lorena Vasconcelos. *A subordinação no contrato de trabalho*. São Paulo: LTr, 2009.

Porto[38] ainda aponta para os riscos de as interpretações heterodoxas acabarem abrangendo trabalhadores verdadeiramente autônomos, e oferece uma metodologia clara, na qual cabe ao intérprete primeiro procurar pelas presenças efetivas e intensas das ordens patronais (subordinação clássica), e, não as encontradas, partir para a pesquisa dos elementos da subordinação integrativa por ela proposta.

2.7. Jurisprudências — Subordinação estrutural ou integrativa

A jurisprudência brasileira já tem elencado tal temática em seu acervo, de forma considerável, o que poderá ser uma tendência ainda maior ao julgar os trabalhadores de plataformas digitais, enfrentando, então, o fenômeno da uberização.

> AGRAVO DE INSTRUMENTO. RECURSO DE REVISTA. RECONHECIMENTO DE VÍNCULO DE EMPREGO. SUBORDINAÇÃO OBJETIVA E SUBORDINAÇÃO ESTRUTURAL. TRABALHO INTELECTUAL, QUE SE CARACTERIZA POR SUBORDINAÇÃO SUBJETIVA MENOS INTENSA, PORÉM ENQUADRANDO-SE NO MODERNO E ATUALIZADO CONCEITO DE SUBORDINAÇÃO. Afastamento das noções de parassubordinação e de informalidade . DECISÃO DENEGATÓRIA. MANUTENÇÃO. O Direito do Trabalho, classicamente e em sua matriz constitucional de 1988, é ramo jurídico de inclusão social e econômica, concretizador de direitos sociais e individuais fundamentais do ser humano (art. 7º, CF). Volta-se a construir uma sociedade livre, justa e solidária (art. 3º, I, CF), erradicando a pobreza e a marginalização e reduzindo as desigualdades sociais e regionais (art. 3º, IV, CF). Instrumento maior de valorização do trabalho e especialmente do emprego (art. 1º, IV, art. 170, *caput* e VIII, CF) e veículo mais pronunciado de garantia de segurança, bem-estar, desenvolvimento, igualdade e justiça às pessoas na sociedade econômica (Preâmbulo da Constituição), o Direito do Trabalho não absorve fórmulas diversas de precarização do labor, como a parassubordinação e a informalidade. Registre-se que a subordinação enfatizada pela CLT (arts. 2º e 3º) não se circunscreve à dimensão tradicional, subjetiva, com profundas, intensas e irreprimíveis ordens do tomador ao obreiro. Pode a subordinação ser do tipo objetivo, em face da realização, pelo trabalhador, dos objetivos sociais da empresa. Ou pode ser simplesmente do tipo estrutural, harmonizando-se o obreiro à organização, dinâmica e cultura do empreendimento que lhe capta os serviços. Presente qualquer das dimensões da subordinação (subjetiva, objetiva ou estrutural), considera-se configurado esse elemento fático-jurídico da relação de emprego. No caso concreto, a Reclamante demonstrou o trabalho não eventual, oneroso, pessoal e subordinado à Reclamada e em atividade-fim das empresas. Por outro lado, a Reclamada não se desincumbiu do encargo de comprovar que a relação jurídica se desenvolveu sob forma diversa daquela estabelecida no art. 3º da CLT, incidindo a presunção (e a prova) de reconhecimento do vínculo empregatício, por serem, os fatos modificativos, ônus probatório do tomador de serviços (Súmula n. 212, TST; art. 818, CLT; art. 333, II, CPC). Ressalte-se que circunstancial flexibilidade de horário, com a obrigatoriedade de realizar número determinado de atendimentos no mês, não traduz autonomia e ausência de

(38) PORTO, Lorena Vasconcelos. *A subordinação no contrato de trabalho*. São Paulo: LTr, 2009.

subordinação, principalmente a subordinação objetiva, além da estrutural. Em face desses dados, deve o vínculo de emprego ser reconhecido. Assim, não há como assegurar o processamento do recurso de revista quando o agravo de instrumento interposto não desconstitui os fundamentos da decisão denegatória, que subsiste por seus próprios fundamentos. Agravo de instrumento desprovido.[39]

VÍNCULO DE EMPREGO. TRABALHADOR EM *CALL CENTER* – SUBORDINAÇÃO ESTRUTURAL – Restando comprovado que a trabalhadora atuava no serviço de *Call Center*, no atendimento aos clientes da concessionária telefônica, como se ela própria fosse e não uma empresa contratada para lhe prestar serviços, na medida em que se trata de único meio que os clientes podem se valer para entrar em contato, fazer solicitações e reclamações junto à concessionária, encontrava-se inserida na estrutura empresarial e, portanto, laborava em típica atividade-fim submetida ao poder de direção e comando empresarial do real beneficiário de sua força de trabalho. Presente a subordinação estrutural, o que é suficiente para o reconhecimento do vínculo de emprego com a concessiária telefônica. Recurso provido.[40]

2.8. Posição da OIT

Pela Recomendação n. 198, do ano de 2006, a OIT já reconhecia que a mudança no mercado de trabalho, na organização do trabalho e na aplicação deficiente da lei, pudesse possibilitar que trabalhadores empregados, de fato, não recebessem as proteções legais do trabalho subordinado.

Aponta a OIT que aplicar corretamente as leis é primeiramente considerar o princípio da primazia da realidade e estar atento para os variados indícios. E como já acima constatamos (dependência econômica), deve-se estar atento de quando a remuneração é a única ou principal fonte de renda desse trabalhador.

Atenta, ainda, a OIT, para as modernas interpretações sobre subordinação jurídica — adepta que é a Resolução para as correntes de subordinação objetiva e a ausência da assunção de riscos financeiros por parte do trabalhador.

---

(39) BRASIL, Tribunal Superior do Trabalho (3ª Turma) — *AIRR: 0002138-96.2012.5.03.0005*. Relator: Mauricio Godinho Delgado, Data de Julgamento: 18.12.2013. Disponível em: <https://consulta-processual.tst.jus.br/consultaProcessual/consultaTstNumUnica.do?consulta=Consultar&conscsjt=&numeroTst=0002138&digitoTst=96&anoTst=2012&orgaoTst=5&tribunalTst=03&varaTst=0005&submit=Consultar>. Acesso em: 10 mar. 2023.

(40) BRASIL, Tribunal Regional do Trabalho da 24ª Região, relator: FRANCISCO DAS C. LIMA FILHO, Data de Julgamento: 1º.04.2009.

Capítulo 3

Relações Complexas

Não só no Brasil, mas no mundo, podemos dizer que toda a situação de relações complexas, a chamada "zona *green*", tem aumentado consideravelmente. Podemos citar o caso de entregadores, que são proprietários de seus instrumentos de trabalho, podendo ou não pagar a manutenção e os consertos, podendo ou não estar submetidos a metas ou horários fixos, mas que laboram para quem detém todos os demais meios de produção, com escritórios, marcas e plataformas.

Observe-se, porém, que o preço do transporte é fixado entre a empresa e os clientes, sem intervenção dos entregadores. O contrato de transporte existe somente entre a empresa e o cliente, e não entre este e o entregador. Temos, então, uma alienação no mercado (razões acima) e alienação de riscos, pois em caso de perda ou deterioração do objeto é a empresa quem geralmente responde, pouco importando a possibilidade de uma ação contra o entregador.

Há possibilidade de esse trabalhador realizar serviços para terceiros? Talvez, possibilidade quase nunca realizada, há uma dependência econômica visível. Poderia ser diferente, ou seja, não haveria vínculo de emprego, se tal trabalhador se relacionasse diretamente com o cliente que recebe a encomenda, fixando este último o preço da viagem, se o entregador pudesse cobrar diretamente de seus clientes, aí então não estaríamos mais diante de um contrato de emprego, mas, sim, de um contrato de prestação de serviços.

Mesmo a realidade do labor com o gerenciamento algorítmico, com as empresas de aplicativos, mediando a oferta e procura, não foge de tal linha de análise, sendo que é a empresa quem define o valor do serviço e quanto será destinada ao trabalhador. Define ainda a empresa a distribuição do trabalho e a determinação das regras. O motorista não participa dos lucros ou prejuízos.

Do ponto de vista da justiça social, o trabalho em redes de aplicativos e similares procurou a diluição do polo patronal para confundir a localização do empreendedor. Como expõe Supiot,[(41)] devemos nos agarrar ao adágio herdado do Direito Romano: *ubi emolumentum, ibi onu*. "Onde está o lucro está a função". Ou seja, quem lucra é a empresa organizadora e dirigente do trabalho alheio. Há, portanto, subordinação jurídica.

3.1. Empregados com aspectos diferenciados de subordinação

Podemos acrescentar que pode ocorrer, também, subordinação jurídica mesmo quando o empregado não tem contato pessoal com o empregador ou sendo este raro, já que dispõe o parágrafo único do art. 6º da CLT que: "Os meios telemáticos e informatizados de comando, controle e supervisão se equiparam, para fins de subordinação jurídica, aos meios pessoais e diretos de comando, controle e supervisão do trabalho alheio". Sendo certo que o controle patronal seja feito para a obtenção de resultados finais. É que a forma pela qual a força de trabalho é organizada e controlada se modifica, aí entra a questão dos meios telemáticos controlados, o que não muda o aspecto da subordinação jurídica. Questão emblemática é que mesmo o trabalhador possuindo seu computador de forma individualizada, o *software* é geralmente da empresa, estruturando a forma de execução do trabalho.

Diga-se, ainda, que quanto aos empregados mais intelectualizados, a subordinação se rarefaz, tornando mais difícil analisar se ela ocorre ou não. A subordinação clássica são exemplos típicos de representantes comerciais, altos empregados, trabalhadores em domicílio, trabalhadores intelectuais etc. Podemos considerar que o tempo à disposição é substituído pela execução de tarefas ou metas que podem ser cumpridas as obrigações laborais em lugares diferentes do ambiente empresarial.

Trabalho em domicílio representa a total descentralização da prestação dos serviços com relação à unidade empresarial. Muitas vezes, há tentativas de enquadrar tais trabalhadores como autônomos ante a fluidez da subordinação ou mesmo da pessoalidade.

Contudo, tais trabalhadores são subordinados, e recebem as instruções para entrega do produto de seus trabalhos (quantidade, qualidade), ou seja, as diretrizes patronais estão presentes, havendo até fiscalização na entrega do resultado final. E são tarefas indispensáveis para as empresas, remotamente dirigidas, mas que se enquadram na subordinação estrutural acima prevista.

Só não caberia o reconhecimento do vínculo se o trabalhador, proprietário

---

(41) SUPIOT, Alain. *O espírito de Filadélfia:* a justiça social diante do mercado total. Tradução de Tânia do Valle Tschiedel. Porto Alegre: Sulina, 2014. p. 135.

da matéria-prima, prestasse serviço para diversos fregueses, muitas vezes concorrentes, sem nenhuma ingerência na forma de produzir, assumindo os riscos da produção.

Podemos lembrar, também, do trabalho intelectual que, pela sua natureza, exclui a necessidade de definições para sua execução. Trata-se de entregar resultados (projetos, auditorias, pareceres etc.). Mesmo que o trabalhador preste tais atividades em sua casa ou residência, não exclui o caráter da subordinação, claro que aí há de serem analisados os aspectos da forma de execução em linhas gerais. Não devemos deixar de considerar que é intenso o regime de autonomia de tais profissionais.

Temos ainda a figura dos altos empregados, que a doutrina chama de *alter ego* do patrão, por encarnar o empregador em ações, e que tem tratamento especial no direito pelas reduções de direitos, exemplo das proteções em face da jornada de trabalho.

Destaca-se, ainda, que a Súmula n. 331 do TST, ao regularizar a terceirização, trouxe consigo a figura da subordinação direta e indireta, criando a figura do "supervisor replicante", que nada mais é do que o gerente da empresa terceirizada, com missão de receber as ordens do tomador de serviços e repassar para os empregados da empresa terceirizada. A terceirização representa processo de contratação de trabalhadores por empresas interpostas, cujo objetivo único é a redução de custos e/ou a externalização dos conflitos com a força de trabalho. Se o empregado terceirizado recebe ordens diretas do tomador, estamos diante de uma terceirização ilegal, sendo possível o reconhecimento do vínculo de emprego com a empresa tomadora dos serviços.

3.2. Riscos das atividades exclusivos do empregador

Essa temática já foi de certa forma acima desenvolvida, no sentido de que, se existe *affectio societatis*, repele-se a pretensão de vínculo de emprego, ou seja, quando há junção de esforços e principalmente de recursos, fazendo com que o agente, em pé de igualdade no tocante à subordinação com os demais sócios, participe dos lucros e dos prejuízos, temos critérios diferenciadores do contrato de trabalho. Verdade ser comum empregados de empresas possuírem ações (sociedade anônima) ou mesmo participarem de cotas sociais.

O que será sempre importante frisar é que o risco da atividade econômica pertence única e exclusivamente ao empregador, daí os direitos trabalhistas serem sempre devidos, independentemente de um possível fracasso da empresa.

A interpretação heurística se faz necessária para compreendermos o espírito do tempo desse intricado conceito em questão. Isso porque, como explica Baylos,[(42)] é do projeto neoliberal se basear na utopia restaurada da empresa, da sua liberdade e risco, para transformá-la em um senso comum para toda a sociedade; logo, correr riscos vale tanto para a empresa como para seus empregados.

Há uma ética em voga propondo competição e individualidade aos trabalhadores, com gestões empresariais, fazendo distribuição do resultado da produção de acordo com a avaliação dos desempenhos individuais, levando os trabalhadores a considerável insegurança, indiferentes aos marcos civilizatórios que admitiam concessões coletivas independentemente das capacidades de desempenho. Cada vez mais salários não integram, pois cálculos são suprimíveis a qualquer tempo sem nenhuma garantia de rendimento estável.

Então, as empresas procuram transferir o risco para o empregado, como impor que o contrato só se realize ante a propriedade de instrumento de trabalho pelo empregado (carro, moto, computador etc.) ou mesmo pelas metas a serem atingidas ao longo do contrato de trabalho, verdadeira exigência para a permanência do pacto laboral. O obreiro deve arcar com os riscos da manutenção e, eventualmente, de aquisição dos instrumentos. Ora, a aquisição dos instrumentos de trabalho pelo empregado não pode ser considerada como aporte significativo de capital, não tendo, assim, o condão de caracterizar o obreiro como autônomo.[(43)]

A novidade — típico retrocesso — é que o art. 75-D da CLT, ao organizar o teletrabalho, admite a possibilidade de o empregado arcar com os custos da aquisição, manutenção de equipamentos tecnológicos e infraestrutura do trabalho.

Um ponto polêmico, para efeito da consideração do vínculo de emprego, é do trabalhador que recebe por comissões quando e se houver, mas que possui os demais elementos caracterizadores do vínculo de emprego. Se longos forem os períodos de inexistência salarial, por conta da infelicidade nos negócios, podemos considerar que são assumidos os riscos pelo trabalhador e não há vínculo, devendo, ser, também, analisada, de forma subsidiária, a existência ou não, de dependência econômica com a empresa — como acima sublinhamos.

3.3. Ônus da prova

Um dos pontos práticos na temática da relação do emprego está na distribuição do ônus da prova, sendo certo que dispõe o art. 818, da CLT, com redação

---

(42) BAYLOS, Antonio. *Direito do Trabalho:* Modelo para armar. Tradução de Flávio Benitez. São Paulo: LTr, 1999. p. 97.

(43) PORTO, Lorena Vasconcelos. *A subordinação no contrato de trabalho.* São Paulo: LTr, 2009. p. 50.

dada pela Lei n. 13.467/17, que o ônus da prova incumbe ao reclamante, quanto ao fato constitutivo de seu direito; ao reclamado, quanto à existência de fato impeditivo, modificativo ou extintivo do direito do reclamante.

Em tese, quando o reclamante alega a existência de vínculo de emprego, segundo Délio Maranhão,(44) por sustentar a existência de um negócio jurídico, caberia provar os fatos existentes como subordinação, salário, prestação pessoal etc.

Enfim, trata-se de uma visão doutrinária clássica e atrasada, assim como há jurisprudência que indica que caso haja incerteza não há subordinação, e ainda jurisprudência revalorizando o "*nomen iuris*" que se dá aos contratos (por exemplo, "contrato de autonomia"), entendendo que a mesa só possa ser desconsiderada por meio de prova robusta que demonstre a sujeição do trabalhador aos poderes da subordinação clássica (ordens, disciplina e possibilidade de punição).

Ocorre que a jurisprudência vem seguindo um caminho, se não unânime, bastante frequente, de que uma vez negado com o réu de forma absoluta qualquer tipo de relação com o empregado, o ônus da prova é do autor; quando, porém, o réu admite que houve prestação de serviços de forma autônoma ou eventual, a prova é dele. É que a simples relação de trabalho presume a relação de emprego.

Destarte, não se trata de uma inversão do ônus da prova e sim de um fato impeditivo (que obsta o direito do autor); assim, cabe ao autor provar apenas a prestação pessoal; demais aspectos materiais da constituição do vínculo, quando não negada a relação de trabalho, será ônus da reclamada comprovar a inexistência dos demais elementos dos arts. 2º e 3º da CLT.

Outro aspecto que se soma é a utilização da presunção, no que tange à negação do vínculo de emprego por parte da empresa. É o que a doutrina italiana chama de "princípio do favor *prestaroris*" ou "favor *lavoratis*", ou seja, há presunção de que quando existe uma relação pessoal e continuada (indício), desenvolve o juiz o raciocínio, a partir, também, da regra de experiência, que existe relação de emprego (trabalho subordinado).

Essa jurisprudência, embora não tenha sido matéria de Súmula ou Orientação do TST, nas palavras do ministro Bruno de Medeiros, tem sido a orientação da Suprema Corte Trabalhista, ou seja, quando admitida a prestação de serviços, mas negado o vínculo de emprego, cabe à parte indicada como empregadora o ônus de demonstrar a inexistência dos elementos configuradores da relação de emprego (TST Ag. 1012017420175010070 – publicada em 12.11.2021).

(44) MARANHÃO, Délio. *Direito do Trabalho*. Rio de Janeiro: Saraiva, p. 258.

Outro aspecto importante sobre o ônus da prova é que o fato de que, na verificação da existência do vínculo de emprego, não pode se limitar o intérprete ao nome ou à forma atribuída à relação (estágio, franquia, autonomia etc.) e sim averiguar a concretude das relações. Uma modernidade cidadã repele parte da doutrina e da jurisprudência, que, assim agindo, faz com que o ônus da prova, em tais situações, recaia sobre o trabalhador, se afastando do estruturante princípio do direito do trabalho, que é o principio da primazia da realidade.

Um outro dado que deve ser rechaçado é o fato de que a Reforma Trabalhista, ciosa em defender os contratos autônomos, destacou no art. 442-B da CLT: "A contratação do autônomo, cumprida por este todas as formalidades legais, com ou sem exclusividade, de forma contínua ou não, afasta a qualidade de empregado prevista pelo art. 3º da CLT". Evidencia-se o desejo de o legislador em retirar a exclusividade como indício de subordinação jurídica. Contudo, se estiverem presentes os elementos dos arts. 2º e 3º da CLT, a mera alegação contida em contratos ou outros documentos não retira a possibilidade do reconhecimento do vínculo de emprego.

3.4. Contratos de trabalho nulos

Uma peculiaridade caríssima ao Direito do Trabalho, quando tratamos desse assunto, é a diferenciação entre trabalho ilícito de trabalho proibido, já que no proibido a regra é para proteger o próprio prestador e, então, serão admitidos os direitos trabalhistas na sua totalidade, porém, quando for ilícito, deixará de ocorrer tal obrigação, pelo menos em tese, como explica o mestre Evaristo de Moraes Filho:(45)

> No trabalho simplesmente proibido, que não chega à ilicitude penal, não resta a menor dúvida que os direitos trabalhistas são devidos. Podem ser lembrados os casos de trabalhos proibidos a certas pessoas (menores, estrangeiros, mulheres, não habilitados etc.) ou sob certas circunstâncias (falta de licença, trabalho extraordinário sem acordo escrito, trabalho em dias de repousos não autorizado, etc). Aqui não se trata mais de ilicitude, sendo devidos todos os direitos trabalhistas, pela simples prestação fática de serviços. Ainda que nulo o contrato, seus efeitos fazem sentir *ex nunc*, para o futuro, com pagamento das prestações de trabalho passadas.

---

(45) MORAES FILHO, Evaristo de; MORAES, Antonio Carlos Flores de. *Introdução ao Direito do Trabalho*. 11. ed. São Paulo: LTr, 2014. p. 114.

Ante tal quadro, aduzem os doutrinadores que o Direito do Trabalho construiu uma teoria específica com relação ao problema das nulidades. Questão vital é analisar o grau do interesse público ferido para auferir o *plus* de direitos a que faz jus o trabalhador, e a partir daí, surgem, obviamente, os embates doutrinários e jurisprudenciais, como explica Mauricio Godinho Delgado:(46)

> Em primeiro lugar, a circunstância de que se torna inviável, faticamente, após concretizada a prestação efetiva do trabalho, o reposicionamento pleno das partes à situação anterior. Em segundo lugar, na medida em que a prestação obreira já foi efetivamente quitada com o cumprimento dos serviços, surgiria como imoral enriquecimento sem causa do tomador a negativa de incidência sobre ele dos demais efeitos justrabalhistas da relação socieconômica desenvolvida. Em terceiro lugar, a convicção de existir uma prevalência incontestável conferida pela ordem jurídica em seu conjunto (inclusive a Constituição da República) ao *valor-trabalho* e aos direitos humanos; esse critério de salvaguarda determina a repercussão de efeitos justrabalhistas ao trabalho efetivamente cumprido (embora negado tais repercussões a partir do instante em que a nulidade é reconhecida); porém, à medida que os bens tutelados aproximam-se do interesse público (confrontando o valor trabalho a outro valor também de inquestionável interesse público), tende-se a restringir, porporcionalmente, a aplicação da teoria justrabalhista especial.

3.4.1. Trabalho proibido ao estrangeiro irregular

Uma outra situação é a do contrato de trabalho realizado pelo estrangeiro irregular no país. É sabido que a CLT possui capítulo referente à nacionalização do trabalho (arts. 352 e 371), tendo como perspectiva a proteção do trabalhador nacional. A doutrina, de forma correta, entende como revogado tal capítulo, seja porque sequer contemplada na extensa lista de direitos sociais do atual Texto Constitucional, seja porque este, em seu art. 5º, aduz que:

> Todos são iguais perante a lei, sem distinção de qualquer natureza garantindo-se aos brasileiros e aos estrangeiros residentes no País a inviolabilidade de direito à vida, à liberdade, à igualdade, à segurança e à propriedade, nos termos seguintes: [...] XII – é livre o exercício de qualquer trabalho, ofício ou profissão, atendidas as qualificações que a lei estabelecer.

---

(46) DELGADO, Mauricio Godinho. *Curso de Direito do Trabalho*. 19. ed. rev. e atual. São Paulo: LTr, 2020. p. 509-510.

É bem verdade que tal princípio de absoluta isonomia só alcança o estrangeiro que se encontra de forma regular no território nacional. De maneira que, por força do disposto no art. 98 da Lei n. 6.815/90, há restrição admitida para o contrato do trabalho do estrangeiro, pois que, de acordo com o próprio TST, não é plausível o contrato de trabalho dos que possuem apenas: (a) visto de turista, (b) visto de trânsito, (c) visto temporário na condição de estudante, (d) sejam dependentes de titulares que possuem apenas o visto temporário, *in verbis*:

> Segundo a interpretação do art. 98, c/c o art.13 da Lei n. 6.815/80, a vedação do exercício ao estrangeiro que se encontra no Brasil limita-se às seguintes condições: visto de turista, visto de trânsito, visto temporário na condição de estudante e dependentes de titulares de quaisquer vistos temporários. Segundo o quadro fático registrado pela Turma, o e. Regional declarou apenas que a reclamante prestou serviços nas dependências da reclamada, como professora, ministrando aulas, e que possui visto temporário, mas não definiu especificamente a espécie de visto temporário que lhe foi concedido, entre aquelas previstas no art. 13 da Lei n. 6.815/80. Revela-se, portanto, inviável o enquadramento da Reclamante na exceção legal proibitiva da prestação de serviços, uma vez que envolve o reexame do quadro fático não definido quer pela Turma, quer pelo e. Regional. Incólume o art. 896 da CLT.(47)

Merece ainda destacar que: (1) o estrangeiro fronteiriço pode exercer atividade remunerada no território nacional sem ter CTPS, sendo suficiente o documento de identidade expedido pela Polícia Federal; (2) os estrangeiros que detêm visto de cortesia, oficial ou diplomático, não necessitam obter a CTPS, mas só podem exercer atividade remunerada adstrita ao Estado estrangeiro ou agência internacional ou de caráter intergovernamental na qual esteja a serviço no Brasil, ou do governo ou entidade brasileira, por meio de instrumento internacional pactuado com outro governo que trate do assunto (art. 104 da Lei n. 6.815/80); (3) o serviçal com visto de cortesia só poderá exercer atividade remunerada a serviço particular de titular de visto de cortesia, oficial ou diplomático (§ 1º do art. 104 da Lei n. 6.815/80), (4) é comum a existência de acordos bilaterais, visando à regularização de imigrantes ilegais, portanto, abrindo a possibilidade da contratação trabalhista, *vide* o Acordo Brasil/Bolívia em agosto de 2005.

É sabido que cresce o número de trabalhadores imigrantes, notadamente de africanos e de países de nossas fronteiras, e que, na maioria das vezes, são submetidos a regime de exploração sem reconhecimento dos direitos trabalhistas básicos, acuados, inclusive, pelas suas situações de trabalhadores ilegais.

---

(47) BRASIL, Tribunal Superior do Trabalho. *E-RR 380.879/97*. Milton de Moura França, Ac. SBDI-1, 8.10.2001.

A rigor, o próprio TST também já julgou no sentido de admitir plenamente os efeitos de tal contrato, pois que:

> Implicaria uma dupla injustiça primeiro com os trabalhadores estrangeiros em situação irregular no País que não obstante tenham colocados sua força de trabalho à disposição do empregador, ver-se-ão privados da devida remuneração em razão de informalidade de cuja ciência prévia o empregador estava obrigado pelo art. 359 da CLT. (RR 750094/2001, *DJ* 29.9.2006)

O que de fato é verdade, já que o referido artigo assenta que "nenhuma empresa poderá admitir a seu serviço empregado estrangeiro sem que este exiba a carteira de identidade de estrangeiro devidamente anotada", ou seja, o empregador é obrigado a conhecer a real situação do estrangeiro.

Citamos acórdãos que admitem o reconhecimento dos direitos plenos:

> Prestação de serviços – Vínculo empregatício – Estrangeiro irregular – Proteção ao trabalho – Nulidade – A interpretação sistemática dos arts. 5º da C.F c/c o art. 359 da CLT, à luz dos princípios da igualdade da dignidade humana, da realidade dos fatos e da hipossuficiência do trabalhador, impõe a conclusão de que o contrato de trabalho celebrado por estrangeiro irregular, contanto que não fira legislação específica aplicável, não é nulo, mas anulável, com efeitos *ex nunc*, reputando-se válido e submetidos a todos os direitos e obrigações previstas nas leis trabalhistas, enquanto subsistir. (TRT 15ª Reg. – Campinas/SP, RO 0858.2006.001.15, rel. Nildemar da Silva Ramos, *DJSP* 23.11.2007, p. 99)

> Vínculo de emprego. Estrangeiro. Situação irregular. A situação irregular do estrangeiro não torna, só por isso, ilícito o objeto do contrato de trabalho. Garantia constitucional da igualdade no que envolve a dignidade da pessoa humana, sem distinção, portanto, entre nacionais e estrangeiros. Precedentes do Tribunal Superior do Trabalho. Alegação que, ademais, não tem sustentação na prova dos autos. Recurso da ré a que se nega provimento. (TRT 2ª Reg. – São Paulo, RO 02579-2005-069-02-00-8, rel. Eduardo de Azevedo Silva, *DJSP* 13.11.2007, p. 52)

> Cabe à empresa verificar as condições de regularização do estrangeiro, para que possa firmar o contrato de trabalho. Se faz a contratação, ao arrepio das leis específicas, deve arcar com o ônus decorrente da relação empregatícia em face da própria compreensão de contrato-realidade que se tem do contrato de trabalho. (TRT, 6ª Região, RO 06861/99, Ac. 3ª T., 17.11.99, rel. Juiz João Bandeira)

3.4.2. Vínculo de emprego de policiais, militares, civis e do corpo de bombeiros

Uma questão inovadora nos tribunais tem sido os pedidos de vínculo de emprego de segurança privada de tais servidores que nas folgas trabalham para empresas ou mesmo pessoas físicas, com certeza pelo recrudescimento da violência pelo qual passa o país. De sorte que, tais empregados reclamam na Justiça de Trabalho o reconhecimento de seus vínculos de emprego a par de serem também servidores de órgãos públicos. É sabido que a vedação a tal situação advém dos estatutos de tais servidores e não da CF/88, que proíbe a acumulação de empregos e cargos públicos (art. 37, XVI e XVII), não obstruindo a possibilidade de um servidor público ter um emprego privado.

A matéria engloba análise sociológico-filosófica mais fina,(48) pois a questão tangencia-se com a omissão do Estado no setor que monopoliza, que é a segurança pública, o crescimento da segurança privada representa seu fracasso, perdendo um dos traços mais marcantes de Estado, conforme famosa definição de Max Weber, de ser monopolizador da violência. Daí a significação que a relação do policial militar com a instituição é exclusiva porque sua promiscuidade com a esfera privada pode significar mercancia da segurança pública, afrontando a legalidade e a moralidade pública.

A jurisprudência, inclusive do TST, vem se posicionando no sentido de admitir o vínculo de emprego, entendendo que ocorre infração tão somente no plano administrativo.

Sobre o tema, citamos as divergências da jurisprudência:

> RELAÇÃO DE EMPREGO. ORIENTAÇÃO JURISPRUDENCIAL N. 167. POLICIAL. VÍNCULO DE EMPREGO. RECONHECIMENTO. Preenchidos os requisitos do art. 3º da CLT, é legítimo o reconhecimento de relação de emprego entre policial militar e empresa privada, independente do eventual cabimento de penalidade disciplinar prevista no estatuto do policial militar. (Ac. TRT 1ª Reg. 4 T. Relatora Dóris Luise de Castro Neves, *DO/RJ*, 9.3.2004).
>
> A relação do Policial Militar com a instituição é exclusiva porque a sua vinculação com a esfera privada induz à mercancia da Segurança Pública, em total afronta aos princípios da legalidade e moralidade pública, pelo que não pode ser referendada pelo Judiciário qualquer relação empregatícia. (TRT 2ª Região RO 02970000894 – Ac. 02970664032, 18.11.97 – Rel. Juiz Francisco Antonio de Oliveira)
>
> Não há que se falar em impossibilidade de reconhecimento de vínculo empregatício pelo fato de o trabalhador que prestou serviços ser Policial Militar, pois o que se deve ser observado é o contrato-realidade, e este demonstra, inequivocadamente, que se tratava de verdadeira relação de emprego. Recurso desprovido, neste aspecto, por maioria. (TRT 24ª Região, Ro 1.720/97, relatora Geralda Pedroso)

(48) *Vide* FRAGALE FILHO, Roberto da Silva. *Trabalho, cidadania e magistratura*. Rio de Janeiro: Edições Trabalhistas, 2000. p. 97.

> Policial militar – Empresa de vigilância – Relação de emprego – Impossibilidade – Vinculado à hierarquia e ao comando da Corporação a que pertence, intuitivo que a prestação de serviços do policial militar a particulares ocorra apenas do modo e tempo que atendam às suas próprias conveniências, o que torna incompatível a manutenção do liame empregatício com empresas prestadoras de serviços de vigilância, à mingua da necessária subordinação. Também o comprometimento da qualidade dos serviços prestados pelo policial militar, em prejuízo da população, constitui óbice ao reconhecimento daquela espécie de liame jurídico em hipóteses que tais. (TRT 15ª Reg – RO 00787-2004-095-15-00-7, rel. Vera Teresa Martins Crespo, *DJSP*, 12.1.2007, p. 93)

3.4.3. Do menor (incapacidade da parte)

O Texto Constitucional em vigor dispõe em seu art. 7º, XXXII, que ao menor de 14 anos, em qualquer situação, e ao menor de 16 não aprendiz, falta capacidade para firmar o contrato, pois o trabalho lhes é proibido. A questão da idade mínima para o trabalho recebeu tratamentos diferentes em nossas Constituições. Lembramos que passou de 14 para 12 anos, para em 1988 voltar a 14 anos, e em 1988 (EC n. 20/98) para 16 anos, salvo a exceção do aprendiz. De toda sorte, o Texto Constitucional não diz quais são os efeitos legais se ocorrer na prática o contrato de trabalho, ou seja, nem que é nulo nem quais são as responsabilidades patrimoniais do patrão. Contudo, trata-se de patente caso de contrato nulo por incapacidade do trabalhador, cabendo à doutrina e à jurisprudência solucionar as lacunas existentes.

Para Alice Monteiro de Barros,(49) tal contrato será nulo "mas produzirá certos efeitos, entre os quais o pagamento de uma compensação razoável, a teor dos arts. 593 e 606 do Código Civil de 2002".

Aduz Mauricio Godinho Delgado(50) que cabem todas as consequências legais, lembrando, contudo, o papel do Poder Judiciário de declarar a nulidade e cessar, de imediato, a continuidade do pacto laboral:

> Ilustrativamente, o defeito concernente ao elemento jurídico-formal da *capacidade*. Tratando-se de trabalho empregatício prestado por menor de 16 anos (ou 14, antes da EC n. 20, de 15.12.98), cabe o reconhecimento de *todos* os efeitos justrabalhistas ao contrato irregularmente celebrado. É verdade que deverá o juiz, ao mesmo tempo, decretar a nulidade do ato, inviabilizando a permanência da nulidade

---

(49) BARROS, Alice Monteiro de. *Curso de Direito do Trabalho*. São Paulo: LTr, 2006. p. 462.

(50) DELGADO, Mauricio Godinho. *Curso de Direito do Trabalho*. 19. ed., rev. e atual. São Paulo: LTr, 2020. p. 509.

desde então (se o menor ainda estiver abaixo de 16 anos — salvo o aprendiz — na época do exame judicial, evidentemente). Da mesma maneira procede-se em certos defeitos concernentes à forma (como, por exemplo, a falta de lavratura de instrumento escrito em contrato de atleta profissional).

No caso do trabalho proibido, como do menor de 16 anos ou trabalho noturno, todos os direitos são devidos, com o devido reconhecimento do vínculo empregatício.

Em suma, não há nulidade total em tais situações, já que o escopo da lei é para proteção do menor embora seja uma garantia de norma cogente.

Muitas jurisprudências também se pronunciam favoráveis ao reconhecimento total de todos os direitos ao menor. Muitas vão trazer compreensível carga emocional, o que é natural, haja vista que a proibição de tal trabalho procura preservar que é a própria integridade do menor. Como exemplo, citamos a longa, mas oportuna ementa:

> MENOR DE 16 ANOS – ART. 7º, INCISO XXXII, DA CONSTITUIÇÃO FEDERAL – TRABALHO E SEU VALOR SOCIAL – ART. 1º, INCISO IV, DA MESMA CONSTITUIÇÃO – A proibição contida no art. 7º, inciso XXXII, da Constituição, num primeiro momento dirige-se às empresas, enquanto instituições concebedoras, organizadoras e utilizadoras do trabalho alheio, e num segundo momento ao responsável legal pelo menor, ao próprio Estado e a toda sociedade, enquanto copartícipes, diretos e indiretos, pelo bem-estar do menor, que até os dezesseis anos deverá dedicar a maior parte do seu tempo à educação, à sua formação moral e intelectual, seja no âmbito da escola, seja no seio familiar, seja nos demais espaços culturais, esportivos e recreativos. A vedação de ordem constitucional não pode se constituir numa espécie de *habeas corpus*, eximindo a empresa ou quem a ela equiparada de qualquer responsabilidade legal, moral e social neste tema tão delicado: as crianças e os adolescentes de hoje serão os homens de amanhã. Quem não investe no ser humano deixa ao relento o mais precioso de todos os bens. A nulidade *ex radice* do contrato de trabalho do menor, com fundamento da teoria geral do Direito Civil, acaba por anular todos os efeitos jurídicos da relação de emprego, mesmo quando presentes os pressupostos do art. 3º, da CLT. Os requisitos de validade do contrato de trabalho, notadamente no que tange à capacidade do prestador, não podem ser examinados como se fossem uma equação matemática. O Direito é uma ciência social, onde nem sempre dois e dois são quatro, nem quatro vezes quatro dezesseis. Ademais, se infringência à lei houve, esta ocorreu por parte de quem contratou o menor que estava proibido de trabalhar e que, por essa razão, deveria até estar impedida de suscitar a nulidade, que, diga-se de passagem, não está disposta no texto constitucional proibitivo. Na Carta Magna não há, nem poderia haver tal cominação, que tem de ser analisada à luz do princípio da irretroatividade das nulidades (efeitos *ex nunc*) própria do Direito do Trabalho. Por outro

> lado, existem situações em que o círculo da moral, mais amplo do que o do Direito, rompe as suas fronteiras com a pena do equilíbrio social, redimensionando-a com a tinta da justiça e da equidade. Quando, diante de dois valores aparentemente conflitantes, ambos albergados constitucionalmente, o intérprete deve lançar mão do princípio da proporcionalidade, imprimindo, após cuidadosa análise de seus pressupostos qual deverá ser o bem protegido. O combate ao trabalho infantil, elogiado por organismos internacionais, como a ONU, OIT e UNESCO, tem recebido forte apoio dos órgãos do Poder Judiciário e do Ministério Público, dentro e fora do processo, sem que, em casos extremos, nos quais ocorra a transgressão da proibição do trabalho do menor, se exclua a relação de emprego, prejudicando o prestador de serviços e beneficiando o tomador, uma vez que, além da apropriação indevida da força de trabalho, ninguém devolverá ao menor as horas de trabalho por ele prestadas. Pelo menos teoricamente, este período subtraído da formação educacional do menor, também é subtraído de toda a sociedade, que quer e que contribui para que tal tipo de trabalho não seja utilizado. Em caso dessa natureza, enquanto for vantajosa a utilização da mão de obra da criança ou do adolescente, dificilmente o preceito constitucional será observado integralmente, por isso que, a par do reconhecimento do contrato de trabalho em toda a sua extensão, representado pelo pagamento integral, sem exceção, de todos os direitos trabalhistas, inclusive para fins previdenciários, o Ministério Público do Trabalho, o Ministério do Trabalho e Emprego (DRT) e o INSS, devem ser oficiados para as providências cabíveis, imprimindo ações, principalmente a multa pelo ilícito trabalhista, nas esferas das respectivas competências para fins de coibição da utilização da mão de obra infantojuvenil. A teoria geral das nulidades do Direito Civil não pode ser transportada cegamente para o Direito do Trabalho, de molde a sufocar a realidade social envolta em valores éticos e morais da valorização do trabalho e da dignidade humana. (Processo 00822-2005-006-03-00-5 RO, publicado em 12.11.2005, 3ª Região, 4ª Turma, relator Juiz Otávio Linhares Renault)

Contudo, há outros entendimentos jurisprudenciais que interpretam que não ocorrendo a validade da relação jurídica, por conta do Texto Constitucional, deve ser dado o mesmo tratamento que a jurisprudência sedimentada do TST vem dando para os contratos nulos com a Administração Direta e Indireta, quando inobservado o requisito do concurso público, sendo, então, devido tão somente o salário dos dias trabalhados e o FGTS, ou posições até mais restritas, que vão recair na questão processual da impossibilidade jurídica do pedido, *in verbis*:

> MENOR – CONTRATO DE TRABALHO NULO. A mesma nulidade absolta do contrato de trabalho com Entidade Pública, por inobservância do requisito do concurso público previsto pela Constituição Federal no ser art. 37, incide quanto à relação de emprego de menor de dezesseis anos, a partir da vigência da Emenda Constitucional n. 20/98. (Pocesso RO 00378-2003-099-03-00-0, publicado em 31.7.2003, relatora Emília Fachini)

> CONTRATO DE TRABALHO. MENOR DE DEZESSEIS ANOS. É nulo, à luz do art.7º, inc. XXXIII, da Constituição do Brasil, o contrato de trabalho celebrado por menor de catorze anos. São devidos, no entanto, os salários, uma vez que, no direito do trabalho, prevalece a regra geral da irretroatividade das nulidades. (Ac. TRT/RO 6398, 1ª Turma, rel. Juiz Manuel Cândido Rodrigues, *DJMG* de 5.12.1997)

> RELAÇÃO DE EMPREGO – MENOR. Bem clara a regra jurídica constitucional ao proibir o desempenho de qualquer trabalho a menores de quatorze anos. Se assim é, há impossibilidade jurídica do pedido que visa ao reconhecimento da relação de emprego e, naturalmente, do registro do contrato em carteira. (TRT 3ª Região – 1ª Turma – RO/2591/97 – Rel. Juiz Ricardo Antônio Mohallem – *DJMG* 26.9.1997)

Malgrado as divergências supra, pelos princípios já vistos, há uma proibição que procura proteger o próprio menor, não sendo plausível que na ocorrência do contrato de trabalho possa se eximir o empregador de pagar todos os direitos trabalhistas decorrentes. O bem público protegido, em suma, é o próprio trabalhador menor que, na maioria das vezes, vende sua força de trabalho por conta da necessidade de sua sobrevivência, mas a realização do contrato não ofende a moralidade pública, não se aproxima de qualquer tipo penal, cabendo apenas ao Judiciário declarar a nulidade do contrato de trabalho, mas considerar todos os efeitos cabíveis, como férias, 13º salário, FGTS, aviso prévio, 40% do FGTS etc.

Aliás, até a Justiça Federal, que não tem a pecha de paternalista que injustamente imputam para a Justiça do Trabalho, prevalece o mesmo entendimento de se mitigarem os efeitos do contrato de trabalho nulo, admitindo-se, assim, a contagem de tal tempo para a aposentadoria:

> PREVIDENCIÁRIO – RURÍCOLA – MENOR DE 14 ANOS – CONTAGEM DO TEMPO DE SERVIÇO PARA EFEITOS PREVIDENCIÁRIOS – POSSIBILIDADE – JUROS DE MORA DE 1% AO MÊS – VERBA ALIMENTAR – 1. O Autor trouxe aos autos documentos que configuram indício da prova material, corroborado por depoimentos testemunhais aptos a demonstrar que o Autor trabalhou como rurícola no período apontado. 2. A alegação do Instituto-Apelante acerca da idade do Autor na época da prestação do serviço não merece ser acolhida, pois uma garantia conferida pela Constituição (art. 7º, inciso XXXIII) contra o trabalho dos menores de 14 (quatorze) anos não pode ser arguida com o escopo de prejudicar quem laborou antes de completar aquela idade. (...). Apelação e Remessa Oficial improvidas. (TRF 5ª R. – AC 2002.83.08.001292-6-3ª T. – Rel. Dês. Fed. Geraldo Apoliano – *DJU* 16.11.2006 – p. 816)

> MANDADO DE SEGURANÇA – PREVIDENCIÁRIO – RESTABELECIMENTO DE APOSENTADORIA POR TEMPO DE SERVIÇO – MENOR DE 14 ANOS – TRABALHO RECONHECIDO – RECOLHIMENTO DAS CONTRIBUIÇÕES – INVERSÃO DO ÔNUS DA PROVA – 1. Tem direito à aposentadoria o segurado que recolheu à Previdência Social as contribuições relativas ao período trabalhado de 14 anos de idade, mesmo que existente limitação legal sob o pretexto de proteção ao trabalho do menor (art.7º, XXXIII, CF/88). 2. (...). 4. Apelação e remessa a que se nega provimento. (TRF 1ª R. – MAS 199901000931559 – GO – 1ª T. Supl. – Rel. Juiz Fed. Conv. Marcelo Dolzany da Costa – *DJU* 4.8.2005 – p. 61)

> PREVIDENCIÁRIO – ALUNO-APRENDIZ-RECONHECIMENTO E AVERBAÇÃO DO TEMPO DE SERVIÇO: POSSIBILIDADE – 1. O aluno-aprendiz que recebeu salário pode ter o tempo

relativo ao período que estudou em escola de formação profissional reconhecido e averbado como tempo de serviço. Precedentes. 2. A vedação constitucional do trabalho ao menor de 14 anos (art. 7º, XXXIII, CF) não se constitui óbice ao reconhecimento do tempo efetivamente trabalhado para fins previdenciários. É que, a norma se erige em tutela em favor do menor, não podendo, evidentemente, prejudicá-lo. 3. Apelação e remessa oficial não providas. (TRF 1ª R. – AC 2000010004694455 – MG- 2ª T.Supl. – Rel. Juiz Fed. Conv. Carlos Alberto Simões de Tomaz – *DJU* 9.12.2004 – p. 68)

Podemos ainda reconhecer um outro tipo de trabalho proibido, ou seja, quando ocorre contratação de servidor público, em período vedado pela legislação eleitoral. *Vide* a seguinte jurisprudência:

É ilegítima e nula a contratação de pessoal em período expressamente vedado por legislação eleitoral. Em se tratando de nulidade absoluta, opera retroativamente, por expressa disposição da lei, atuando como se o ato malsinado jamais houvesse existido. Todavia, a contratação irregular de servidor público torna impossível a recondução das partes ao estado anterior e, neste caso, o trabalhador tem direito aos salários do período trabalhado, a título de indenização, mas a nenhuma outra parcela de natureza trabalhista. Revista parcialmente conhecida e desprovida. (TST – RR- 115.94.1 – Ac. 1ª T. 2.585?95 – Rel. Min. Indalécio Gomes Neto)

3.4.4. Do apontador do jogo de bicho, prostituta e relações assemelhadas (ilicitude do objeto)

Aproveitamos a doutrina de Eduardo Gabriel Saad[51] para uma rápida definição do objeto ilícito no contrato de trabalho:

> O contrato de trabalho — como qualquer outro — há de ter objeto lícito ou possível (Código Civil 2002, art. 166, II). Ilícito é o objeto contratual contrário à lei, à moral e aos bons costumes. Para Pontes de Miranda ("Tratado de Direito Privado", tomo 47, p. 461 e segs.) a ilicitude do trabalho anula o contrato de trabalho, se é do trabalho e não de contraprestação da empresa.

Portanto, fica demarcado que a ilicitude em comento abrange não só atividades tipificadas como criminosas, mas também a moral e os bons costumes. Ademais, em algumas situações, os serviços do trabalhador não se encontram entrosados com a atividade ilícita da empresa, como nos casos do garçom do prostíbulo, do cassino clandestino, do porteiro de uma clínica de aborto etc. São serviços

(51) SAAD, Eduardo Gabriel *et al. CLT comentada.* São Paulo: LTr, 2006. p. 240.

que, em suma, não se reputam ilícitos; é clara a necessidade de se analisar, caso a caso, tal entrosamento.

Relembramos que a Orientação Jurisprudencial n. 199 da SDI-1 que dispõe: "Jogo do bicho. Contrato de trabalho. Nulidade. Objeto ilícito. Arts. 82 e 145 do Código Civil".

A doutrina consultada vai apontar, fazendo remição às diferenças da atividade ilícita o total desvalor de tal atividade. Daí a tendência de nada ser devido quando apontado o contrato de trabalho nulo por tal motivo, se não vejamos:

> Cumpre lembrar que a atividade ilícita não se confunde com a atividade proibida. Na primeira hipótese, o contrato não produz nenhum efeito, pois negócio é reprovado pelo direito, em defesa dos interesses da sociedade, ou dos bons costumes e dos valores existentes. Nesse caso, o valor tutelado é a realização da ordem pública. Na segunda hipótese, isto é, na atividade proibida, o contrato produz certos efeitos e a tutela da ordem púbica se realiza de modo mediato, prevalecendo o interesse do trabalhador.(52)
>
> Na verdade, em tais situações sequer se configura o *valor-trabalho* tutelado pela Constituição — por ser este um valor sempre aferido sob a ótica social, mesmo que individualmente apropriado pelas partes. É o que se passaria com o chamado *"trabalho ilícito"*. Aqui, ou não existe efetivo trabalho (à luz da perspectiva constitucional, que enfoca o labor como a produção de bens e serviços sob a ótica oficial) ou há um trabalho que conspira francamente contra o interesse público, não merecendo, a qualquer fundamento, proteção qualquer da ordem da ordem jurídica. Nas situações de *"trabalho" ilícito* (ilícito criminal, evidentemente), afasta-se a incidência da teoria justrabalhista especial de nulidades, retornando-se ao império da teoria geral de Direito Comum, negando-se qualquer repercussão trabalhista à relação socioeconômica entre as partes.(53)
>
> Inexistirá contrato de trabalho entre trabalhador e cambista de jogo do bicho ou de outras atividades ilícitas previstas em lei, como contravenções penais, e é nulo de pleno direito o ato praticado que não

(52) BARROS, Alice Monteiro de. *Curso de Direito do Trabalho*. São Paulo: LTr, 2006. p. 493.

(53) DELGADO, Mauricio Godinho. *Curso de Direito do Trabalho*. 19. ed., rev. e atual. São Paulo: LTr, 2020. p. 511.

produz efeito nenhum no mundo jurídico. O próprio trabalhador não poderá dizer que desconhecia a ilicitude da atividade do tomador dos serviços, pois "ninguém se escusa de cumprir a lei, alegando que não a conhece (art. 3º da LICC).(54)

Citamos, também, jurisprudências em tal sentido:

EMENTA: CONTRATO DE TRABALHO. JOGO DO BICHO. OBJETO ILÍCITO. NULIDADE. O ordenamento jurídico não confere validade a qualquer contrato cujo objeto seja ilícito, mesmo que se considere que, por força desse contrato, um trabalhador ou trabalhadora haja despendido, de forma subordinada, a sua força de trabalho, em prol do patrimônio de outrem, ou seja, no âmbito do contrato de emprego. Se, por um lado, o Direito do Trabalho converge com o Direito Comum ao inquinar de nulidade o negócio jurídico que tenha objeto ilícito, diferentemente da teoria das nulidades abraçada pelo Direito Comum, para o Direito do Trabalho, mesmo que constatada a presença dos supostos fático-jurídicos configuradores do contrato de trabalho, a ausência de qualquer dos requisitos exigidos para os contratos em geral torna nulo o contrato laboral, que assim não opera nenhum efeito, porque não é reconhecido no mundo jurídico. Esse é o entendimento consentâneo com a OJ 199 da Eg. SDI-I do Colendo TST: "Jogo de Bicho. Contrato de Trabalho. Nulidade. Objeto Ilícito. Ars. 2 e 143 do Código Civil". (Processo 01683-2004-044-03-00-2 RO, publicado m 30.4.2005, DMJ p. 18, Quinta Turma, rel. José Roberto Freire Pimenta).

RELAÇÃO DE EMPREGO. JOGO DE BICHO. A atividade ilícita não admite consagração do contrato de emprego. Assim, não podem gerar direitos e obrigações trabalhistas as atividades de "jogo de bicho", prostituição, pistolagem e semelhantes. (RO – 16635/91, 27.11.1992 *DJNG*, Primeira Turma, rel. Antônio Miranda de Mendonça).

Contudo, nada menos do que o próprio TST já abriu discussão sobre o tema, questionando sua própria Orientação. É bem verdade que ela acabou se mantendo, mas não podemos deixar de apreciar os dilemas de nosso Colendo sobre o tema, conforme noticia seu *site*:

A Terceira Turma do Tribunal Superior do Trabalho reconheceu os efeitos jurídicos do contrato de trabalho celebrado para coleta de apostas em "jogo de bicho", estendendo ao empregado nesta atividade todos os direitos concedidos aos demais trabalhadores, por unanimidade de votos. (...) "No Direito do Trabalho, a nulidade do contrato pode não acarretar negação plena dos efeitos jurídicos do ato. Se afirmamos a plena nulidade do contrato de trabalho celebrado com empregado que exerce suas atividades na coleta do jogo de bicho, acabaríamos por premiar o contraventor, desobrigando-o de cumprir as leis trabalhistas, em

(54) MARTINS, Sérgio Pinto. *Direito do Trabalho*. São Paulo: Atlas, 2006. p. 102.

prejuízo do trabalhador", afirmou a ministra Cristina Peduzzi, ao reconhecer o vínculo de emprego entre bicheiro e o cambista. Com isso, a casa lotérica terá que fazer a anotação em Carteira e Trabalho e a inscrição no PIS, pagar aviso prévio, 13º salário, férias mais 1/3, FGTS mais multa de 40%, horas extras e indenização correspondente ao seguro-desemprego. O Presidente da Terceira Turma, o ministro Vantuil Abdala, vice-presidente do TST, sugeriu que o voto da Ministra Maria Cristina Peduzzi fosse enviado à Comissão de Jurisprudência do TST, para possibilitar uma adaptação na OJ/TST n. 199".(55)

Por oportuno, citamos, ainda, interessante jurisprudência que, nos moldes da do TST supracitado, admite o uso do costume *contra legem:*

> Trabalho de cambista no chamado "jogo de bicho" – Relação de emprego. Quando o trabalho do cambista é prestado em ponto de responsabilidade do reclamado, com prestação de contas regulares e mediante pagamento de contraprestação, tem-se como configurada a relação de emprego entre as partes, a exemplo do que ocorre no presente caso. É verdade que o contrato de trabalho, como todo ato jurídico, requer, para sua validade, agente capaz, objeto ilícito e forma prescrita e não defesa em lei (CC, art.82), sob pena de ser considerado nulo (CC, art.145, II). Disso resulta que a atividade do cambista do jogo de bicho não poderia, *prima facie*, ser reconhecida e amparada pelo Direito do Trabalho, de sorte a constituir vínculo empregatício, não fora tratamento há muito dispensado a esse tipo de contravenção penal, amplamente tolerada pelas autoridades e que faz parte do dia a dia da população, apostando normalmente sem qualquer empecilho ou repressão. As siglas do jogo de bicho, assim como as bancas de apostas, se distribuem pelos cantos da cidade, sob o beneplácito do Poder Público que, diga-se a bem da verdade, recebe donativos dos chamados *banqueiros* do jogo de bicho, em forma de contribuições para as obras assistenciais. Realmente, não se deve aceitar a alegação de ilicitude do objeto do contrato no caso. (TRT, 8ª Reg., 3ª T, Proc. RO 4904/97, julg. 19.11.1997, relatora Juíza Lygia Oliveira)

Outro paradigma de jurisprudência, no caso de uma casa de jogos, um carteado, foi de admitir o contrato nulo. Contudo, determinou, como consequência, o pagamento de indenização estipulada em favor do empregado, a saber:

> Atividade ilícita – Casa de jogos (carteado) – Efeitos da nulidade trabalhista – Indenização pelo equivalente – A se evitar o enriquecimento ilícito do contraventor maior – O explorador do negócio ilícito – Inconteste que o contrato de trabalho para a sua validade requer a licitude do objeto, logo em ilícita não há que se falar em relação de emprego. É certo também que a nulidade do contrato de gera efeitos *ex nunc*, haja vista a natureza

(55) *Revista Consultor Jurídico.* "TST reconhece vínculo de emprego em atividade de 'jogo de bicho'", 9 dez. 2002. Disponível em: <https://www.conjur.com.br/2002-dez-09/tst_reconhece_direitos_atividade_jogo_bicho>. Acesso em: 9 jul. 2022.

infungível do labor, que uma vez despendido não tem como ser restituído ao agente. Daí comportar indenização pelo equivalente da prestação dos serviços, mesmo em atividades ilícitas. Como forma de contribuir para coibir os negócios, impondo ao contraventor maior uma indenização pecuniária, de modo a evitar o seu enriquecimento ilícito à custa do trabalhador, com a complacência do Judiciário Trabalhista. Os princípios de proteção, da primazia da realidade, do enriquecimento sem causa, da irretroatividade das nulidades e a impossibilidade de voltar ao *status quo ante*, dão sustentação a tal modalidade reparatória. Afinal a Justiça é cega, mas o juiz não ... A decisão deve ser justa e equânime possível, atendendo aos fins sociais da lei e às exigências do bem comum. Recurso do reclamante provido para conceder uma indenização contraprestacional de R$ 5.000,00. (TRT 15ª Reg. RO 01532.2005.113.15.00-0 – Rel. Juiz Edison dos Santos Pelegrini. *DJSP* 2.3.07, p. 10)

É notório, pelo acompanhamento na imprensa, que tais tipos de contravenções migraram para os chamados caça-níqueis que, inclusive, vêm alimentando o mundo do crime com os mesmos estilos do jogo de bicho, muitas vezes tendo, também, interseção com os crimes de tráfico de entorpecentes. De modo que colecionamos a seguinte jurisprudência que, neste caso, aponta a total ilegalidade do contrato de trabalho:

Contrato de trabalho – Objeto ilícito – Máquinas de caça-níqueis – O art. 104, II, do Código Civil vigente, estabelece que a validade do negócio jurídico requer objeto lícito. Nesse sentido, o contrato de trabalho, como ato jurídico, exige, para a sua validade, o atendimento ao requisito previsto no referido dispositivo da lei civil. Por isso não se reconhece o contrato de trabalho, quando a atividade exercida pelo trabalhador consiste exclusivamente em abastecer máquinas de caça-níqueis. Aplica-se, aqui, analogicamente, a OJ 199 da SDI-1 do TST. (TRT 3ª Reg., RO 0048-2006-037-03-00-1 – Rel. Des. César Machado. *DJMG* 31.1.2007, p. 8)

Sobre a questão da prostituição, temos que se trata de profissional reconhecida pelo Estado — Portaria MTE n. 397, de 9 de outubro de 2002. De modo que, no mínimo poder-se-ia negar o vínculo, mas obrigar ao que obteve as vantagens pelo labor a lhe pagar todos os seus direitos. Da mesma forma, entendemos para as demais atividades tidas como objeto ilícito, claro que com limites naturais de bom senso: ninguém propõe dar vínculo de um pistoleiro, por exemplo, tamanho o grau de ilicitude em questão.

3.4.5. Servidor sem concurso público

A Lei n. 8.036/90 (FGTS) aduz que: "É devido o depósito do FGTS na conta vinculada do trabalhador cujo contrato de trabalho seja declarado nulo na hipótese prevista no art. 37, § 2º, da Constituição Federal, quando mantido o direito ao salário".

Por seu turno, a Súmula n. 363 do TST (*DJU* 19.11.2003) objetiva quais são os efeitos da nulidade diante de tais contratações:

> CONTRATO NULO. EFEITOS. NOVA REDAÇÃO. A contratação de servidor público, após a CF/1988, sem prévia aprovação em concurso público, encontra óbice no respectivo art. 37, II e § 2º, somente lhe conferindo direito ao pagamento da contraprestação pactuada, em relação ao número de horas trabalhadas, respeitando o salário-mínimo, e dos valores referentes aos depósitos do FGTS.

Posição, portanto, consolidada pelo Colendo, e que teve como antecedente o Precedente Normativo n. 85 da Seção de Dissídios Individuais, que já determinava o pagamento tão somente do saldo de salários dos contratos nulos havidos com a Administração, sendo que, em 2000, tal precedente se transformou em Súmula, recebendo a redação atual, em 2003, se adaptando ao estabelecido pela lei fundiária.

Parte da doutrina vai considerar que os limites da declaração do contrato nulo, por tal situação, acarretará no pagamento dos dias trabalhados e do FGTS, de acordo com a orientação do TST, citamos:

> Cumpre salientar, entretanto, que no tocante à forma de ingresso no serviço público, após a Constituição de 1988 (art. 37), quer sob a égide do regime trabalhista, quer sob as normas do Direito Administrativo, exige-se a submissão a concurso público. A contratação do servidor sem prévia aprovação em concurso público é nula e somente lhe confere direito ao pagamento da contraprestação pactuada, em relação ao número de horas trabalhadas, respeitando o valor da hora do salário-mínimo e dos últimos valores referentes aos depósitos do FGTS, exigidos estes por força de Medida Provisória (n. 2.164-41, de 24 de agosto de 2001, cujo art. 9º alterou o art.19 da Lei n.8.036, de 1990).[(56)]
>
> A contratação de pessoal para emprego público deverá ser precedida de concurso público de provas ou de provas e títulos (art. 37, II e S. 331, II, do TST), inclusive nas autarquias, fundações, empresas públicas e sociedade de economia mista, conforme a natureza e complexidade do emprego. A contratação de servidor público, após a Constituição de 1988 sem prévia aprovação em concurso público, somente lhe dá

(56) BARROS, Alice Monteiro de. *Curso de Direito do Trabalho*. São Paulo: LTr, 2006. p. 495.

> direito ao pagamento da contraprestação pactuada, em relação ao número de horas trabalhadas, respeitando o valor da hora do salário-mínimo e dos valores referentes aos depósitos do FGTS (S. 363 do TST).[57]

Contudo, temos também um outro paradigma de interpretação que, com fincas nos princípios da dignidade da pessoa humana e dos valores sociais do trabalho, art. 1º, incisos III e IV, construíram tese que vão desde a observação de todos os direitos ou de pelo menos das verbas passadas, excetuando-se as decorrentes da rescisão efetuada pela Justiça do Trabalho (exclusão preponderante do aviso prévio, 40% do FGTS e seguro-desemprego). *Vide* posição de Mauricio Godinho Delgado e da jurisprudência que segue, com o posicionamento mais moderado:

> A declaração de nulidade da admissão do empregado público, pela autoridade competente, caracteriza-se como uma justa causa legal, exonerando o ente empregador do ônus decorrente das rescisões imotivadas, mas assegurando ao trabalhador os direitos trabalhistas consumados durante a prestação do serviço. Remessa de Ofício acolhida parcialmente. (TRT 22ª Reg. REXOF 0338/95 – Ac. 0867, 23.5.95 – Rel. Juiz Jesus Fernandes de Oliveira)

> Nesse quadro, a única leitura hábil a conferir eficácia e coerência ao conjunto dos textos constitucionais (tanto os que proíbem ao *administrador* e aos *cidadãos* o ingresso no aparelho de Estado sem concurso público, como os que insistentemente elegem o respeito ao trabalho como um dos valores essenciais da ordem economia, social e jurídica brasileiras) é aplicar-se a teoria justrabalhista das nulidades quanto ao período de efetiva prestação de serviços, tendo-se, porém como anulado o pacto em virtude da inobservância à formalidade essencial do concurso. Em consequência, manter-se-iam como devidas todas as verbas contratuais trabalhistas ao longo da prestação laboral, negando-se, porém, o direito a verbas rescisórias próprias à dispensa injusta (aviso prévio, 40% sobre o FGTS e seguro-desemprego), dado que o pacto terá (ou teria) sido anulado de ofício (extinção por nulidade e não por dispensa injusta).[58]

> A norma do art. 37, inciso II, da atual CF é expressa ao proibir admissão de pessoal nos órgãos da administração direta e indireta, sem concurso público. O contrato de trabalho

---

(57) BARROS, Alice Monteiro de. *Curso de Direito do Trabalho*. São Paulo: LTr, 2006. p. 144.

(58) DELGADO, Mauricio Godinho. *Curso de Direito do Trabalho*. 19. ed., rev. e atual. São Paulo: LTr, 2020. p. 510.

> celebrado sem atendimento a exigência legal manifesta-se nulo, o que não implica em desconsiderar a relação de emprego que dele se origina, efetivando-se através da execução do trabalho e pagamento de salário, criando, destarte, obrigação entre as partes em configuração plena do chamado "contrato realidade", construção dos juslaboralistas mexicanos. De tal forma que atento à correlação que o art.442, da CLT, faz entre contrato de trabalho e relação de emprego, revela-se mais correto atribuir à nulidade do contrato de trabalho efeitos *ex nunc*, vale dizer, a partir da denúncia do negócio, e não *ex tunc*, desde a sua constituição. (TRT 19ª Reg. REO 119/94 – Rel. Juiz João Batista da Silva)

Citamos jurisprudências de posições mais abrangentes, que determinam o pagamento de todos os direitos trabalhistas (são mais raras posições doutrinárias albergando tal tese):

> NULIDADE DA CONTRATAÇÃO – EFEITOS – ART. 37, § 20 DA CF/88. O decreto judicial de nulidade produz efeitos *ex tunc*. Contudo, se essa retroatividade nem sempre é absoluta no Direito Civil, com mais razão ainda não o será no Direito do Trabalho. Seria impossível a reposição da situação ao *status quo ante*; a prestação devida ela trabalhadora implicou em dispêndio de energia física e intelectual, insusceptível de restituição. Logo, embora nulo, deverão ser pagos não apenas os salários, mas também, todos os direitos trabalhistas que efetivamente integram a remuneração (sentido genérico) pelo trabalho. Afinal, as verbas remuneratórias integram a remuneração (sentido genérico), pelo trabalho. Afinal, as verbas remuneratórias fazem parte do 'preço' do trabalho e, assim, se o tomador paga à trabalhadora apenas os dias de serviço, estará deixando de fora uma parte daquele "preço", enriquecendo-se indevidamente. (Acórdão – RT 17ª Região – Ro 00160.2007, relatora Wanda Lúcia Costa Leite França Decuzzi, pub. 1º de agosto de 2007, *DO/TRT* 17ª Região)

> ENTE PÚBLICO. CONTRATAÇÃO SEM CONCURSO PÚBLICO. NULIDADE. EFEITOS. Embora seja nula a contratação de servidor sem o concurso público exigido pelo inciso II do art.37 da CF/88, o contrato de trabalho gera efeitos, porque no Direito do Trabalho, as nulidades não alcançam as situações pretéritas, eis que não se pode restituir ao empregado as energias que foram por ele despendidas, não se admitindo ainda, que o tomador de serviços se enriqueça sem causa. (Acórdão – TRT 17ª Região- 00772.2006.151.17.00.3, relatora Sônia das Dores Dionísio, pub. 20 de setembro de 2007, *DO/TRT* 17ª Região).

> NULIDADE DO CONTRATO. EFEITOS. A nulidade da contratação não pode deixar de gerar efeitos em favor do hipossuficiente. Negar ao trabalhador o direito de indenização pelo tempo de serviço prestado importa contrariar as regras basilares da Constituição da República. (Acórdão – TRT 17ª Região – 00515.2007.151.17.00.2, relator Sérgio Moreira de Oliveira, pub. 28.10.2007, *DO/TRT* 17ª Região).

De nossa parte, malgrado, como bem diz um acórdão da relatoria da juíza Cláudia Cardoso de Souza: "trata-se de tema reconhecidamente angustiante, este Juízo já oscilou a não poder mais [...]" (Acórdão 01261.2006.151.17.00.9, TRT 17ª Região, pub. 30.05.2007, *DO/TRT/ES*). Concordamos com o pagamento integral de todas as parcelas; contudo, fica a ressalva que de fato o Colendo TST adota tese mais restringente. De modo que seriam devidas horas extras, adicional de insalubridade, periculosidade, adicional noturno etc. O TST, sobre tal ponto específico, se posicionou de forma muito precisa sobre o tema e, a nosso ver, também coerente:

> [...] Em relação às horas extras, impõe-se a manutenção do decidido, porque elas têm natureza contraprestativa do trabalho, cuja valorização jurídico social acha-se consagrada no art. 1º, inciso VI, da Constituição, pelo que equivalem aos dias efetivamente trabalhados, devendo, no entanto, ser remuneradas de forma simples, em razão do adicional se constituir em *"plus"* salarial abrangido pela amplitude da nulidade. (TST, SBDI II, RXOFRO-AR 47-2002-000-17-00, rel. Min. Antonio José de Barros Levenhagem, *DJU* 10.10.2003)

Contudo, citamos acórdãos ampliadores dos direitos cabíveis:

> CONTRATO NULO. EFEITOS. DIREITO ÀS PARCELAS DE NATUREZA SALARIAL. HORAS EXTRAS: A contratação pactuada não pode ter uma leitura que a limite ao salário *stricto sensu*. Afinal, têm natureza salarial não apenas o salário em si, mas também a gratificação natalina, as férias e as horas extras. Aliás, as horas extras encontram-se inseridas no conceito de contraprestação em relação ao número de horas extras trabalhadas. E, portanto, mesmo em caso de haver reconhecimento da nulidade da contratação, se houve prestação extraordinária, resta claro que a contraprestação deve observar tal relação, que uma vez não adimplida, equivale à retenção salarial (*lato sensu)* que o Tribunal Superior do Trabalho quis reprimir. (Acórdão – TRT 17ª Região – 00793.2006.151.17.00.9 – Relator Juiz Ney Álvares Pimenta Filho, publicado em 3.5.2007)

> Contratação de servidor pela Administração, sem a prévia realização de concurso público, viola norma constitucional (art. 37, II, CF), imperioso o reconhecimento de sua nulidade. Todavia, nada obstante, presença de conflitos principiológicos entre o Direito Laboral e o Administrativo e entre as normas consolidadas e as constitucionais, inegável a indispensabilidade do pagamento da remuneração, diante do caráter sinalagmático da relação jurídica, atentando-se para a supremacia do interesse público sobre o particular (art. 8º da CLT). Neste passo, deve existir uma contraprestação mínima (salário e/ou saldo salarial), bem assim e exclusivamente eventual sobrevalor, tais como: horas extras, adicional noturno e o realizado em condições adversas de insalubridade e/ou periculosidade, sem quaisquer outros consectários acessórios previstos na legislação trabalhista. Não havendo que se falar, portanto, de condenação relativa às verbas rescisórias, pois estas extrapolam o conceito de contraprestação mínima, bem assim, concernente à anotação da CTPS. (Acórdão – TRT 15ª Região – RO 26.022/94.7 – Rel. Desig. Juiz Luís Carlos Cândido Martins Sotero da Silva)

Outra situação: uma das formas mais frequentes de burla de concurso público é quando os entes públicos contratam trabalhadores com a "proteção" do Texto Constitucional, que no art. 37, IX, dispõe: "a lei estabelecerá os casos de contratação por tempo determinado para atender a necessidade temporária de excepcional interesse público". Portanto, a Constituição possibilita que a lei federal, estadual, distrital ou municipal, estabeleça que situações seriam essas, como ensina Celso Antônio Bandeira de Melo:(59) "são situações cujo entendimento reclama satisfação imediata e temporária, incompatível, portanto, com o regime normal de concurso". Adenda, ainda, Maria Sylvia Zanella Di Pietro(60) que: "a demora do procedimento do concurso público pode ser incompatível com as exigências imediatas da Administração, em caso, por exemplo, de epidemia ou outra calamidade pública".

Por oportuno, citamos doutrina de José dos Santos Carvalho Filho:(61)

> O regime especial deve atender a três pressupostos inafastáveis. A determinabilidade temporal, ou seja, os contratos firmados com esses servidores devem ter sempre prazo determinado (...), a temporalidade da função que é a necessidade desses serviços ser sempre temporária, se a necessidade é permanente, o Estado deve processar o recrutamento através de demais regimes, (...). O último pressuposto é a excepcionalidade do interesse público que obriga ao recrutamento, empregando o termo excepcional para caracterizar o interesse público do Estado, a Constituição deixou claro que situações administrativas comuns não podem ensejar o chamamento desses servidores.

Na esfera federal, a Lei n. 8.745, de 21.5.93, alterada pela Lei n. 9.849, de 26.10.99, indica, em considerável listagem, quais são os casos de excepcional interesse público, havendo, ainda, consideráveis quantidades de leis estaduais e municipais que também disciplinam a matéria.

O que, na prática, se vislumbra são os entes públicos contratando com a proteção de tal regime, mas com contratos que se sucedem, sem nenhuma excepcionalidade, o que acaba fazendo com que a Justiça do Trabalho reconheça a existência do contrato de trabalho. Contudo, declarando que este é nulo, pelo menos de acordo com a posição doutrinária e jurisprudencial, ante a falta do concurso público, situação, portanto, das mais excêntricas, que só gera insegurança jurídica.

---

(59) MELLO, Celso Antonio Bandeira de. *Curso de Direito Administrativo*. São Paulo: Melhoramentos, 1995. p. 136.

(60) DI PIETRO, Maria Sylvia. *Direito Administrativo*. Rio de Janeiro: Saraiva, 2002. p. 435.

(61) CARVALHO FILHO, José dos Santos. *Manual de Direito Administrativo*. Rio de Janeiro: Lúmen Juris, 2005. p. 489.

Outra situação grotesca é a utilização dos cargos em comissão que "são aqueles vocacionados para serem ocupados em caráter transitório por pessoas de confiança da autoridade competente para preenchê-los, a qual também pode exonerar ad nutum, isto é, livremente, quem os esteja titularizando".(62) Contudo, define o Texto Constitucional, no seu art. 37, V, parte final, que "destinam-se apenas às atribuições de direção, chefia e assessoramento".

Define a doutrina de Adilson Abreu Dallari(63) que:

> São funções que dada a natureza das atribuições a serem exercidas pelos seus titulares, justificam exigir-se deles não apenas o dever elementar de lealdade às instituições constitucionais e administrativas a que servirem, comum a todos os funcionários, como também um comprometimento político, uma fidelidade às diretrizes estabelecidas pelos agentes políticos, uma lealdade pessoal à autoridade superior.

Na prática, muitas vezes o ente público destina tais cargos para ocupantes que exercem situações simplórias, o que faz também ensejar que a Justiça do Trabalho acabe a analisar a ocorrência de situações em que o cargo seja, de fato, em comissão e por reconhecer o vínculo de emprego, contudo, nulo.

Sobre a competência da Justiça do Trabalho para analisar o tema, tem-se que cabe, a tal especializada, dirimir a existência ou não de contrato de trabalho, assim como declarar sua nulidade e seus efeitos, independentemente de o reclamado ser um órgão da Administração Pública.

Contudo, não vislumbramos a possibilidade da Justiça do Trabalho julgar o ato do chefe do Executivo que, ao contratar sem concurso público, gerou o ato de improbidade, seja de forma principal ou acessória, no máximo cabe ao magistrado noticiar os fatos para os órgãos competentes, no caso o Ministério Público e o Tribunal de Contas, respectivamente de acordo com suas atribuições. Aliás, é óbvio que se houvesse maior rigor dos órgãos responsáveis não haveria tamanho descaso com tais contratações. O magistrado mineiro Júlio Bernardo do Carmo(64) sustenta a matéria com segurança:

---

(62) MELLO, Celso Antonio Bandeira de. *Curso de Direito Administrativo*. São Paulo: Melhoramentos, 1995. p. 147.

(63) DALLARI, Adilson Abreu. *Tratado de Direito Administrativo*. Rio de Janeiro: Lumen Juris, 2005. p. 42.

(64) CARMO, Julio Bernardo do. *Direito do Trabalho*. Rio de Janeiro: Saraiva. 2006. p.124.

Lógico que não ostenta a Justiça do Trabalho competência para processar e julgar o Chefe do Executivo municipal por ato de improbidade calcada em contratação de servidor sem concurso público de provas ou de provas e títulos (art. 37, II, da CF), sendo a competência iniludivelmente da Justiça Comum, até porque o ato de improbidade implica igualmente em afetação e perda de direitos políticos, sabendo a descalabro pronunciar-se a Justiça do Trabalho a respeito de perda de mandado ou suspensão de direitos políticos de Prefeito ímprobo.

3.5. O vínculo de emprego do estagiário

Vínculo adicional que convém examinar detidamente é o contrato de estágio.(65)

A partir dos dados do CIEE, informa Krein(66) que houve crescimento após os anos de 1990. Os estagiários respondem muitas vezes pela dinâmica das empresas, notadamente no setor de informática, empresas de engenharia, escritórios de contabilidade, de advocacia, academias de ginástica, entre outras.

Como forma de denúncia de exploração, começou a ser utilizado o termo "escraviários", ante práticas de jornada de até 12 horas, incompatibilização com a dos cursos frequentados e uma responsabilidade excessiva que lhes são atribuídas. O estagiário pode reunir todas as condições fáticas e jurídicas de um empregado, acima analisadas. A opção do legislador foi negar tal *status* para oferecer maior

---

(65) É uma relação jurídica triangular em que figuram o estagiário, a instituição escolar, a empresa concedente — aquela em que o estágio é realizado; podendo ainda participar o chamado agente de integração entre o estagiário e a empresa concedente (ex: CIEE). Tal relação se formaliza obrigatoriamente com o termo de estágio. A sua duração máxima passou a ser de dois anos (não se aplica ao portador de deficiência). A jornada máxima é de 6 horas reduzida para 4 aos estudantes da educação especial e dos anos finais do ensino fundamental. Corretamente a lei ainda determinou a redução da carga horária pelo menos na metade dos períodos de avaliação escolar. Contudo, lamentavelmente, a lei nada fala sobre intervalos na jornada. São ainda direitos dos estagiários: recesso anual de trinta dias, para cada ano de estágio; vale transporte; seguro contra acidentes pessoais, cuja apólice deverá observar os valores de mercado; bolsa ou outra forma de contraprestação ajustada com o estagiário; e inscrição facultativa no INSS. A instituição de ensino tem responsabilidades como: celebrar o termo de compromisso; fiscalizar o estágio; exigir relatório de estagiários, etc. A empresa concedente do estágio tem também responsabilidades como: a obrigação de celebrar termo de compromisso com a instituição de ensino e o educando; zelar pelo cumprimento do estágio; zelar em suas instituições por normas de higiene e segurança etc.

(66) KREIN, José Dari. *As relações de trabalho na era do neoliberalismo no Brasil.* São Paulo: LTr, 2013. p. 172.

alargamento em sua utilização e, com isso, possibilitar o aperfeiçoamento e a complementação da formação acadêmica do estudante, o princípio constitucional da educação (art. 205 da CF/88) escuda o não reconhecimento de vínculo de emprego ao estagiário.

A nova lei de estágio — Lei n. 11.788/2008 – teve movimento de precarização ao alterar a redação do § 1º do art. 1º da Lei n. 6.494/77, permitindo, assim, o estágio também para alunos do ensino médio, ainda que não profissionalizante. Segundo Delgado,(67) é quase que impossível que os requisitos materiais do estágio tenham preenchimentos, ou seja, não há como conectar a realidade do estágio com um curso não profissionalizante de ensino médio, o que se conclui que é uma medida que visa muito mais propor "empregos" precários para os chamados grupos vulneráveis.

Portanto, concluindo, para a licitude do estágio são necessárias duas condições fundamentais: o termo de compromisso de estágio, que envolve o estagiário, a entidade de ensino e o tomador do estágio. É uma condição formal fundamental, do contrário temos que o estágio será desconsiderado e o vínculo de emprego considerado. A outra condição: a conexão do curso que frequenta o estagiário com as atividades desempenhadas no estágio; sem essa conexão, o estágio terá tido como fraudulento e considerada a existência do vínculo de emprego.

Mas não é só. Podemos considerar, também, o vínculo de emprego, quando a par de preenchidas todas as formalidades legais, o estagiário faz as vezes de empregado. Podemos usar o termo igualização de afazeres com a mesma responsabilidade do quadro de empregados; o estágio, então, está sendo desvirtuado para se obter uma mão de obra mais barata, mesmo que as atividades estejam em consonância com o curso do estagiário, pois não deixa de ser, também, um desvirtuamento da função social do estágio.

> COMPROMISSO DE ESTÁGIO. DESVIRTUAMENTO. O estágio legalmente constituído possui finalidade social e educacional, pois possibilita que o aluno adquira experiência prática para futura colocação no mercado de trabalho, motivo pelo qual a lei veda o reconhecimento da relação de emprego. Todavia, se as atividades desempenhadas pelo estagiário junto à concedente não guardam relação com seu curso de formação, patente o desvirtuamento do estágio, motivo por que impõe-se o reconhecimento do vínculo empregatício entre as partes. (TRT-10 – RO: 1734201100710007 DF 01734-2011-007-10-00-7 RO, relator: Desembargador Pedro Luis Vicentin Foltran. Data de Julgamento: 10.10.2012, 1ª Turma, Data de Publicação: 19.10.2012 no *DEJT*)

---

(67) DELGADO, Mauricio Godinho. *Curso de Direito do Trabalho*. 19. ed., rev. e atual. São Paulo: LTr, 2020. p. 337.

ESTÁGIO x VÍNCULO DE EMPREGO. Fica obstado o reconhecimento da regularidade do contrato de estágio quando não forem observadas as disposições legais, especialmente as contidas no art. 5º, do Decreto n. 87.497/82, e § 3º, do art. 1º, da Lei n. 6.494/77. Assim, forçoso declarar que o vínculo que uniu as partes, no período em debate, é de natureza empregatícia. Recurso improvido. (TRT-23 – RO: 578200500323002 MT 00578.2005.003.23.00-2, relator: DESEMBARGADOR TARCÍSIO VALENTE. Data de Julgamento: 23.5.2006, Tribunal Pleno, Data de Publicação: 19.6.2006)

VÍNCULO DE EMPREGO. ESTÁGIO. Não comprovado o preenchimento dos requisitos essenciais do contrato de estágio, nos moldes da Lei n. 6.494/77 e do Decreto n. 87.497/82, impõe-se o reconhecimento da existência de relação de emprego entre as partes. (TRT-4 – RO: 00012762620125040029 RS 0001276-26.2012.5.04.0029, relator: RICARDO HOFMEISTER DE ALMEIDA MARTINS COSTA, Data de Julgamento: 13.3.2014, 29ª Vara do Trabalho de Porto Alegre).

3.6. Vínculo de emprego entre cônjuges, companheiros, pais, filhos e demais parentes

Uma breve nota para essa temática: entre cônjuges e companheiros é possível o vínculo de emprego. A doutrina, algumas vezes, foi recalcitrante quando o regime de bens é o da comunhão universal, já que haveria a impossibilidade de um ser credor do outro. Entretanto, conforme Volia Bonfim Cassar,[68] a jurisprudência admite tal vínculo quando presentes os requisitos dos arts. 2º e 3º da CLT.

Entre pais e filhos e vice-versa, a dificuldade está em separar o ânimo benevolente do trabalho ou do trabalho oneroso. Mas, também, nada obsta tal possibilidade; assim como dos demais parentes, muitas vezes vivendo na mesma casa. Pode ser uma circunstância atípica, em que os juízes venham exigir uma prova mais robusta.

VÍNCULO DE EMPREGO. PAI E FILHO. NÃO CARACTERIZAÇÃO. Embora seja possível, em tese, a existência de uma relação de emprego no âmbito familiar, desde que presentes os requisitos tipificadores da relação de emprego previstos no art. 3º da CLT, não se pode deixar de levar em conta que a relação de emprego entre pai e filho é circunstância atípica e, como tal, exige prova robusta das alegações constantes da exordial. Demonstrado pelo próprio depoimento pessoal da autora que o vínculo que os unia era unicamente afetivo, não se pode cogitar em reconhecimento de relação de emprego. Recurso Ordinário a que se nega provimento. (TRT 17ª R., RO 0123600-98.2005.5.17.0191, 2ª Turma, relª. Desembargadora Claudia Cardoso de Souza, rev. Desembargador Carlos Henrique Bezerra Leite, *DEJT* 17.7.2008)

---

(68) CASSAR, Vólia Bomfim. *Direito do trabalho*. 8. ed. Rio de Janeiro: Forense; São Paulo: Método, 2013. p. 305.

VÍNCULO DE EMPREGO. PARENTES PRÓXIMOS. PAI E FILHO. ÔNUS DA PROVA QUE RECAI SOBRE O RECLAMANTE. É regra geral presumir-se a existência de contrato de emprego se houver efetiva prestação de serviços. No entanto, em certas circunstâncias, essa presunção não se aplica, como no caso de relação de emprego entre parentes próximos, onde impera o dever de auxílio recíproco. Dessa forma, tenho que não é presumível a relação de emprego entre pais e filhos, como *in casu*. Mesmo que provada a prestação laboral, permanece com a parte autora o ônus de provar a existência de todos os elementos constitutivos da relação de emprego, principalmente o *animus contrahendi*. Não tendo o reclamante se desincumbido do encargo de provar a existência dos elementos. (TRT18, RO-0000244-05.2011.5.18.0102, rel. Elvécio Moura dos Santos, 3ª Turma, 1º.7.2011)

Capítulo 4

A Terceirização Ilícita: Vínculo com o Tomador dos Serviços

Como é sabido, acabou a celeuma sobre a terceirização na atividade-fim das empresas tomadoras de serviços terceirizados — seja pela Lei n. 13.467/17, que alterou o art. 4º-A da Lei n. 6.019/74, ou mesmo por conta das notórias decisões acerca do tema do Supremo Tribunal Federal, especialmente a adotada no bojo da ADPF n. 324, em decisão de 30 de agosto de 2018, que expressamente validou a terceirização de atividade-fim e impediu o reconhecimento do vínculo empregatício com a tomadora somente por este motivo.

A questão que nos interessa, nesta obra, é analisar a possibilidade do reconhecimento do vínculo de emprego com a tomadora mesmo após esses precedentes normativos e do STF para, a partir daí, exigir que os trabalhadores recebam todos os direitos trabalhistas pertinentes aos empregados da empresa tomadora (contratos coletivos, equiparação salarial, regulamentos da empresa etc.).

A lei deixa claro que não há formação do vínculo empregatício com a empresa tomadora (art. 4º, § 2º). Como acentua Vólia Bonfin Cassar,(69) "a melhor interpretação é que não haverá vínculo se não houver subordinação direta ao tomador".

Da mesma forma, Mauricio Godinho Delgado(70) expõe que: 1) torna-se irregular a terceirização se a direção da prestação de serviços for exercida pela própria entidade tomadora (empresa contratante) salvo no caso do trabalho, 2) a licitude da terceirização exige capacidade econômica da empresa prestadora de serviços (art. 4º A, *caput*, *in fine*, Lei n. 6.019/74, segundo Lei n. 13.467/2017).

---

(69) CASSAR, Vólia Bomfim. *Direito do Trabalho*. 8. ed. Rio de Janeiro: Forense; São Paulo: Método, 2013. p. 422.

(70) DELGADO, Mauricio Godinho. *Curso de Direito do Trabalho*. 19. ed., rev. e atual. São Paulo: LTr, 2020. p. 566.

A primeira temática, da impossibilidade de subordinação entre o trabalhador e o tomador de serviços, já é conhecida e explorada pela jurisprudência, haja vista ser matéria sumulada do TST (Súmula n. 331), que não perdeu sua vigência, com exceção de sua previsão de proibição da terceirização da atividade-fim do tomador dos serviços:

> I – A contratação de trabalhadores por empresas interpostas é ilegal, formando-se o vínculo diretamente com o tomador dos serviços, salvo no caso do trabalhador temporário (Lei n. 6.019, de 3.1.1974).
>
> II – A contratação irregular de trabalhador, mediante empresa interposta, não gera vínculo de emprego com os órgãos da administração pública direta, indireta ou fundacional (art. 37, II, da CF/1988).
>
> III – Não forma vínculo de emprego com o tomador a contratação de serviço de vigilância (Lei n. 7.102 de 20.6.1983) e de conservação e limpeza, bem como a de serviços especializados ligados à atividade-meio do tomador, desde que inexistente a pessoalidade e a subordinação direta.
>
> IV – O inadimplemento das obrigações trabalhistas, por parte do empregador, implica a responsabilidade subsidiária do tomador dos serviços, quanto àquelas obrigações, desde que haja participado da relação processual e conste também do título executivo judicial.
>
> V – Os entes integrantes da administração pública direta e indireta respondem subsidiariamente, nas mesmas condições do item IV, caso evidenciada a sua conduta culposa no cumprimento das obrigações contratuais e legais da prestadora de serviços como empregadora. A aludida responsabilidade não decorre de mero inadimplemento das obrigações trabalhistas assumidas pela empresa regularmente contratada.
>
> VI – A responsabilidade subsidiária do tomador de serviços abrange todas as verbas decorrentes da condenação.

A segunda temática, ao impor que a empresa de serviços terceirizados tenha capacidade econômica compatível, abre um leque interessante para ser explorado. Ora, se, como muitas vezes é comum, a empresa prestadora não paga salários, não deposita FGTS, ou atrasa ambos, não paga as verbas rescisórias, entre outros possíveis créditos incontroversos, estamos, portanto, diante de uma terceirização ilícita.

De modo que será possível reatar o vínculo de emprego diretamente com a empresa tomadora dos serviços, em outras palavras, há possibilidade de se reconhecer vínculo de emprego com a empresa tomadora, mesmo que se trate de terceirização de atividade-fim, em razão da subordinação e da pessoalidade presentes com a tomadora — como, aliás, sempre foi possível nas atividades-meio.

4.1. Pejotização e vínculo de emprego

A partir de 2005, estendeu-se a possibilidade de as empresas de prestação de serviços intelectuais inscreverem-se no supersimples (Lei n. 11.196/2005). Contratar uma pessoa jurídica, segundo Krein,(71) significa que a empresa se limitará ao pagamento e à gestão de um contrato comercial; economia de 60%, considerando as contribuições sociais e os direitos trabalhistas de um empregado. Isso abre o caminho para as chamadas fraudes da pejotização, sendo corriqueiro demitir e convidar o trabalhador a abrir uma empresa; maior incidência em atividades que exigem maior qualificação da força de trabalho; através da RAIS foi possível identificar empresas que possuem zero empregado com crescimento de 40% em 2005; pesquisa do DIEESE/SEADE na Região Metropolitana de São Paulo constatou crescimento do trabalho autônomo que passa de 6% em 1989, para 9,5% em 1999, e para 9,7% em 2004.

Objetivamente, se presentes os elementos da relação de trabalho, o vínculo de emprego há de ser considerado. Não entendemos a necessidade de prova robusta pelo trabalhador, pois há, nesse caso, também um fato impeditivo apresentado pelo tomador de serviços, de modo que cabe a este comprovar a inexistência dos elementos celetizados que definem o vínculo de emprego.

Vale citar o artigo sobre pejotização e demais relações de trabalho (Suplemento Trabalhista 066/07). O ministro do TST, professor Alexandre Agra Belmonte, traz lúcidas reflexões sobre a matéria. A denominada pejotização tem sido utilizada como referência à contratação de serviços intelectuais por meio de pessoas jurídicas.

O tema ganhou especial relevo por duas razões: a) o disposto no art. 129, da Lei n. 11.196, de 21 de novembro de 2005, que determina que se sujeitam à legislação própria das pessoas jurídicas a prestação de serviços intelectuais, ainda que em caráter personalíssimo, apenas para fins previdenciários e fiscais; b) o veto presidencial à nova redação do § 4º do art. 6º da Lei n. 10.593, de 6 de dezembro de 2002.

Com base no referido art. 129, setores passaram a defender que os incentivos, nele contidos, dão ao trabalhador e ao empresário a opção de escolha do modo empresarial de vinculação na prestação de serviços intelectuais, em detrimento da legislação trabalhista, que estaria assim compensada pelos benefícios fiscais e previdenciários.

---

(71) KREIN, José Dari. *As relações de trabalho na era do neoliberalismo no Brasil*. São Paulo: LTr, 2013. p. 170-171.

Relativamente ao veto, fundou-se na preocupação de que a fiscalização não possa atuar para coibir relações de emprego disfarçadas em contratos de pessoa jurídica, fomentando eventual ilegalidade.

O que está por trás de toda essa problemática é a discussão de que se cabe aos destinatários da norma trabalhista abrir mão da lei trabalhista, quando considerá-la inconveniente aos seus interesses, pelo que ela é a questão a ser enfrentada neste breve estudo.

De um lado, há quem sustente que o contrato de emprego é um contrato de realidade, que parte do pressuposto da hipossuficiência do trabalhador, não importando suas condições econômicas ou o prestígio do trabalhador intelectual diante do poderio do tomador de serviços.

De outro, diz-se que o serviço diferenciado prestado em certos serviços intelectuais, a relativa autonomia, a detenção de imagem própria e inúmeras outras características eliminariam a necessidade da proteção diferenciada, cabendo ao profissional, que nessas condições não seria hipossuficiente, a escolha da lei de regência relativa ao trabalho prestado, que até mesmo empresarial poderia ser. A escolha formal do modo empresarial de vinculação para a obtenção de benefícios fiscais e previdenciários denotaria a intenção de abrir mão de um vínculo, o trabalhista que, simplesmente, não serviria aos interesses de um trabalhador detentor de qualidades que o distinguiriam dos demais, merecedores de proteção diferenciada.

Deixaremos de lado a discussão se o atual modelo de conformação entre os interesses do capital e do trabalho, a CLT, estaria esgotado, a ensejar uma completa revisão. Isso porque, enquanto ela não for revista — e efetivamente precisa sê-lo em relação a alguns ou vários aspectos, especialmente no que tange ao direito coletivo — não se pode ignorá-la. Trata-se, afinal, do instrumento regulatório a ser aplicado, ainda mais num país tão díspar, em que a miséria convive com a riqueza e o desenvolvimento com atraso, não sendo ela, à evidência, a culpada pela crise das instituições, pela crescente violência, pela desigualdade social, pela falta de efetividade das leis nos mais diversos setores e pelo acanhado crescimento econômico.

Dito isso, as indagações que podem surgir diante da situação em análise são as seguintes: a) A vinculação empregatícia, em se tratando de trabalho intelectual, em que o trabalhador costuma ter bom discernimento e conscientização a respeito do que é melhor para ele e muitas vezes prestígio e até imagem diferenciada, é escolha dos atores sociais? B) A opção pelos incentivos fiscais e previdenciários à formação de pessoas jurídicas importaria na quebra do princípio da primazia da realidade, porque levaria a situação mais vantajosa do que a relação de emprego?

Ora, o contrato de emprego é um contrato realidade. Diante da legislação vigente, de natureza cogente, não cabe aos destinatários, se presentes os requisitos caracterizadores da relação de emprego, escolher se a norma trabalhista incidirá ou não. E se incide, está implícito que a lei parte do pressuposto, por razões históricas e sociais de inegável relevo, de que eventual incentivo tributário é desimportante diante do fato de considerar empregado quem trabalha com subordinação, não eventualidade, pessoalidade e onerosidade.

Por outro lado, hipossuficiência não é, diante da atual legislação, escolha do trabalhador, posto que a lei não distingue o trabalho manual do intelectual ou o trabalho presencial do prestado a distância.

A respeito, estabelece o art. 3º da CLT, *verbis*:

> Art. 3º Considera-se empregado toda pessoa física que prestar serviço de natureza não eventual a empregador, sob a dependência deste e mediante salário.
>
> Parágrafo único. Não haverá distinções relativas à espécie de emprego e à condição de trabalhador, nem entre o trabalho intelectual, técnico e manual.

Assim, se apresentadores de televisão, jornalistas ou outros profissionais intelectuais trabalham para emissoras de televisão ou em outros setores mediante condições fáticas coincidentes com os requisitos de caracterização da relação de emprego prevista no art. 3º da CLT, eles serão empregados ainda que as partes queiram camuflar o vínculo por meio de uma inexistente relação empresarial, mediante contratação do trabalhador por meio de uma pessoa jurídica existente apenas na forma.

Evidentemente, não nos referimos às hipóteses em que se verifica o modo empresarial de prestação do trabalho, por exemplo, quando o espaço é comprado pelo interessado, para exibição, com liberdade, de um programa, ainda mais quando ele possui até mesmo empregados. Em tais hipóteses, o princípio da primazia da realidade somente confirmará a existência da relação empresarial, a afastar a incidência da condição de emprego.

> [...] RECURSO DE REVISTA DA EMPRESA. MÉRITO. AÇÃO CIVIL PÚBLICA. SERVIÇOS DE MEDICINA DIAGNÓSTICA. MÉDICOS CONTRATADOS COMO PESSOA JURÍDICA. TERCEIRIZAÇÃO. PEJOTIZAÇÃO. VÍNCULO DE EMPREGO. RECONHECIMENTO APENAS NOS CASOS DE CONFIGURAÇÃO INDIVIDUAL DA SUBORDINAÇÃO. INCIDÊNCIA DAS LEIS NS. 13.429/2017

E 13.467/2017. DIREITO INTERTEMPORAL. APLICAÇÃO PARA SITUAÇÕES JURÍDICAS PRETÉRITAS E FUTURAS. OBRIGAÇÕES DE FAZER E NÃO FAZER. *ASTREINTES*. DANO MORAL COLETIVO. NÃO RECOLHIMENTO DO FGTS E DAS CONTRIBUIÇÕES PREVIDENCIÁRIAS [...]. (TST – RR: 10287832013501001 1, relator: Alexandre de Souza Agra Belmonte, Data de Julgamento: 13.3.2019, 3ª Turma, Data de Publicação: *DEJT* 15.3.2019)

4.2. Vínculo de emprego com cooperativas

Sobre as cooperativas, temos que a Constituição Federal de 1988 consolidou a sua existência — art. 5º, XVIII. O art. 442 da CLT, diante da promulgação da Lei n. 8.949/94, estipulou que não há vínculo de emprego entre os cooperados e os tomadores de serviços das cooperativas. As cooperativas se intensificaram na segunda metade dos anos 1990, como típico movimento de baratear custos e em fraudar a aplicação de direitos trabalhistas – uma tendência que se bifurcou com a terceirização de serviços e a intermediação de mão de obra.

A Lei n. 8.949/1994 estabeleceu a inexistência do vínculo de emprego como acima exposto, possibilitando típica redução de custos; em 2000, houve uma nova alteração, obrigando o contratante a recolher 15% do valor da fatura do INSS. Krein(72) aponta que as cooperativas de trabalho foram as que apresentaram maior expansão a partir de 1994, fazendo com que a sua participação passasse de 15% em 1990, para 49% do total de cooperativas em 2005. Foram presentes na agricultura, transporte, vestiário, informática, engenharia e universidades privadas, estratégia de sobrevivência de inúmeras pessoas que, inclusive para prosseguir com suas atividades, eram obrigadas a aderir a tais modelos de prestações de serviços. Várias denúncias levaram à fiscalização e ação interventora do Ministério Público do Trabalho, além das sentenças de reconhecimento de vínculo de emprego na Justiça do Trabalho que ocasionaram os seus esvaziamentos na trajetória de crescimento.

Aspectos positivos do movimento podem ser salientados desde que presentes a adesão voluntária, a autogestão e a paridade de ganhos. Delgado(73) aponta os elementos de flexibilização da ordem jurídica pátria com o advento da Lei n. 8.949/94, que alterou a CLT. Aponta que a lei não admite simulações para encobrir relações de emprego e que se exigem dois princípios próprios para análise da lisura de tais cooperativas: princípio da dupla qualidade, cujo sentido é quando

(72) KREIN, José Dari. *As relações de trabalho na era do neoliberalismo no Brasil*. São Paulo: LTr, 2013. p. 173.

(73) DELGADO, Mauricio Godinho. *Curso de Direito do Trabalho*. 19. ed., rev. e atual. São Paulo: LTr, 2020. p. 349.

o associado é um dos beneficiários centrais dos serviços da cooperativa (ex: das cooperativas dos taxistas, dos médicos, artesãos etc.); o outro é o princípio da retribuição pessoal diferenciada, no sentido de que a cooperativa tem como fundamento permitir que o autônomo, se cooperado, tenha a potencialidade de ganhos maior do que estivesse trabalhando sozinho.

A Lei n. 12.690, de 20 de julho de 2016, que trata das cooperativas de prestação de trabalho, parece ser reativa ao quadro de exploração vivenciado, já que consolidou vários princípios sociais do cooperativismo, aduzindo a dupla qualidade do filiado cooperado como cliente e gestor, no sentido de que as cooperativas são constituídas para prestar serviços aos associados, na perspectiva, de o cooperado obter retribuição superior àquela alcançada, caso atuando isoladamente (táxi e médicos) — obtenção de clientela específica — certa e larga. Aduz ainda o referido diploma legal sobre autogestão, preservação dos direitos sociais, do valor social do trabalho, da livre-iniciativa e pela não precarização do trabalhador — a nova lei das cooperativas de serviços significou verdadeiro marco civilizatório.

Há cooperativas falsas, quando presentes os elementos da subordinação jurídica tradicional (ordens, fiscalização, punição etc.) ou mesmo quando existente a subordinação estrutural, como acima visto, quando mesmo trabalhando com certa autonomia, o trabalho cooperado é prestado para determinada empresa. A razão da cooperativa é para atendimento exclusivo de cliente único, a própria razão de ser da cooperativa é para atender as suas atividades-meio. Em tais circunstâncias, há vínculo de emprego com a cooperativa e talvez, também, com a empresa tomadora. Citamos breve jurisprudência do TST esclarecedora sobre a preponderância da primazia da realidade dessa temática:

> AGRAVO DE INSTRUMENTO. RECURSO DE REVISTA. COOPERATIVA. FRAUDE. RECONHECIMENTO DE VÍNCULO DE EMPREGO DIRETAMENTE COM O TOMADOR DOS SERVIÇOS. A decisão regional que reconhece, com base na prova dos autos, relação de emprego entre o pretenso associado e o tomador dos serviços da cooperativa (criada com intuito de fraudar a legislação trabalhista) não viola os arts. 3º e 442 da CLT. Agravo de instrumento a que se nega provimento. (2388009320095020042 238800-93.2009.5.02.0042, relator: Alexandre de Souza Agra Belmonte. Data de Julgamento: 29.8.2012, 3ª Turma, Data de Publicação: *DEJT* 31.82012)

Capítulo 5

Relações de Trabalho Digitais

As relações de trabalho digitais suscitam redobrada atenção, no século XXI, por representarem parcela considerável do mercado de trabalho atual, no Brasil e em outros países do mundo.

Trata-se, por conseguinte, de nicho particularmente relevante para exame pormenorizado quanto às suas modalidades específicas de prestação de serviços, como se realizará a seguir.

5.1. Trabalhador em teletrabalho

A pandemia de Covid-19 expandiu de forma significativa a utilização do teletrabalho, em razão do isolamento social imposto.

Pertinente, assim, iniciar o exame das relações específicas de trabalho justamente pelo teletrabalho, que suscita diversas dúvidas relativas ao seu enquadramento jurídico.

Fundamental, para tanto, analisar o tema do vínculo empregatício do teletrabalhador por meio de uma abordagem introdutória do seu conceito, para, em seguida, passar-se ao exame propriamente da possível caracterização do liame de emprego entre teletrabalhador e tomador dos seus serviços, como será realizado a seguir.

5.1.1. Conceito

O teletrabalho é comumente confundido com o *home office*, apesar de não se poder, legitimamente, realizar essa assimilação.

Relevante, nesse sentido, mencionar a definição legal do teletrabalho, contida no *caput* do art. 75-B da CLT, para melhor elaboração da distinção:

> Art. 75-B CLT. Considera-se teletrabalho a prestação de serviços preponderantemente fora das dependências do empregador, com a utilização de tecnologias de informação e de comunicação que, por sua natureza, não se constituam como trabalho externo.

> Parágrafo único. O comparecimento às dependências do empregador para a realização de atividades específicas que exijam a presença do empregado no estabelecimento não descaracteriza o regime de teletrabalho.

Há, portanto, dois elementos a serem destacados do conceito de teletrabalho: por um lado, a prestação dos serviços preponderantemente — mas não exclusivamente — fora das dependências do empregador; por outro lado, valendo-se das tecnologias de informação e de comunicação.

Podem-se apontar, assim, características distintivas essenciais entre as duas modalidades de trabalho a distância: o *home office* necessariamente precisa ser executado na residência do trabalhador, enquanto que basta ao teletrabalho ser prestado fora das dependências da empresa, não necessariamente na sua residência (pode ser, à guisa de exemplo, em um escritório compartilhado, fora da empresa); outrossim, o *home office* não exige, como o teletrabalho, a utilização das novas tecnologias da informação e da comunicação.

Estabelecidas as diferenças para o *home office*, convém adentrar propriamente na questão nevrálgica da existência ou ausência do vínculo empregatício no teletrabalho.

5.1.2. Subordinação tecnológica

O exame do eventual vínculo empregatício no teletrabalho passa, inevitavelmente, pela consideração da sua específica forma de subordinação, que prescinde das ordens diretas e presenciais, pois configurada pelo mero controle realizado por meio das novas tecnologias da informação e da comunicação — as mesmas que, como notado acima, são fundamentais para a prestação de serviços em teletrabalho.

Nesse sentido, a redação do art. 6º da CLT, modificada pela Lei n. 12.551/11, passou a prever expressamente essa modalidade específica de subordinação, suficiente para caracterização do vínculo empregatício do teletrabalhador, *verbis*:

> Art. 6º CLT. Não se distingue entre o trabalho realizado no estabelecimento do empregador, o executado no domicílio do empregado e o realizado a distância, desde que estejam caracterizados os pressupostos da relação de emprego.
>
> Parágrafo único. Os meios telemáticos e informatizados de comando, controle e supervisão se equiparam, para fins de subordinação jurídica, aos meios pessoais e diretos de comando, controle e supervisão do trabalho alheio.

Resta evidente, por conseguinte, que o controle tecnológico, realizado a distância, é suficiente para configuração da subordinação jurídica apta a atrair o liame empregatício ao teletrabalho.

Desnecessária, assim, a visita de prepostos do empregador ao local de trabalho para configuração da subordinação jurídica, bastando elementos como *webcams*, *softwares* de controle de *sites* visitados no computador de trabalho, programas de mensagens no telefone, para que se conclua pela existência do liame empregatício.

Decorrência lógica disso: unicamente na hipótese de ausência de qualquer controle a distância, pela completa autonomia do teletrabalhador na prestação dos seus serviços, é que se poderá afastar o vínculo empregatício.

Teletrabalhador autônomo deve ter, portanto, efetiva liberdade na execução do seu labor, somente o resultado final podendo ter sua qualidade controlada pelo tomador dos seus serviços – como no caso do contrato civil da empreitada.

Em decisão recente, a 6ª Turma do TST adotou posição bastante elucidativa dessa nova modalidade de subordinação do teletrabalho, como se observa do trecho a seguir transcrito:

> Trata-se, como se vê, de uma nova visão da subordinação, inspirada no entendimento de Mauricio Godinho Delgado, para quem a 'subordinação estrutural supera as dificuldades de enquadramento de situações fáticas que o conceito clássico de subordinação tem demonstrado dificuldades que se exacerbam em face, especialmente, do fenômeno contemporâneo da terceirização trabalhista. Nesta medida, ela viabiliza não apenas alargar o campo de incidência do Direito do Trabalho, como também conferir resposta normativa eficaz a alguns de seus mais recentes instrumentos desestabilizadores, a terceirização.
>
> Nesse entendimento, a ideia essencial, é a de que, no novo contexto da atividade produtiva da empresa pós-industrial e flexível, torna-se dispensável a ordem direta do empregador, que passa a ordenar apenas a produção, como um todo, em que o controle se faz através do resultado do trabalho, como ocorre no teletrabalho.
>
> Rompe-se, com essa nova visão do fenômeno da subordinação, com o conceito clássico de hierarquia funcional, pois 'nesse ambiente pós-grande indústria, cabe ao trabalhador ali inserido habitualmente apenas colaborar'. A nova organização do trabalho, pelo sistema da acumulação flexível, imprime uma espécie de cooperação competitiva entre os trabalhadores que prescinde do sistema de hierarquia clássica, na medida em que a subordinação jurídica tradicional foi pensada para a realidade da produção fordista e taylorista, fortemente hierarquizada e segmentada, ao passo que 'no sistema ohnista, de gestão flexível, prevalece o binômio colaboração-dependência, mais compatível com uma concepção estruturalista da subordinação'.
>
> Essa, a meu sentir, a ideia essencial que se deve ter do fenômeno da subordinação no novo modelo de organização empresarial e de produção pós-industrial e flexível vigente

atualmente em praticamente todos os países submetidos ao regime capitalista, inclusive, no Brasil, pois essa nova forma de ver a subordinação permite que se inclua nas normas de proteção do trabalho várias formas de prestação laboral surgidas com o desenvolvimento e o avanço tecnológico, especialmente no campo informacional, como é o caso do teletrabalho, modalidade do trabalho à distância'. (Fonte: Portal Universo Jurídico <http://www.uj.com.br/publicacoes/doutrinas/default.asp?action=doutrinaecoddou=5296>. Artigo inserido em 4.6.2008).

Logo, diante do acolhimento desta tese (concepção estruturalista da subordinação) já adotada por este Colegiado em outros julgados, sequer seria o caso de se exigir prova robusta da subordinação na sua forma típica (ordem-subordinação), muito embora esta também tenha sido comprovada.(74)

Esse abandono das ordens diretas é, destarte, essencial para a configuração da nova subordinação, seja no teletrabalho, ora sob exame, seja para outras modalidades modernas de prestação de serviços, como se observará mais adiante, especialmente no subcapítulo referente ao trabalho em plataformas digitais. Isso porque não se afigura como razoável se exigir, em pleno século XXI, a vinculação a características do fordismo ou mesmo do toyotismo, sistemas produtivos não consentâneos com as tecnologias atuais, que não só dispensam, como tornam um entrave a presença física de um preposto, a emanar ordens diretas, ao lado do trabalhador altamente vinculado a novas ferramentas, sobretudo as digitais.

5.2. Trabalhador em plataformas digitais

O trabalho por plataformas digitais tornou-se, no século XXI, uma das principais inovações do mercado de trabalho, nacional e internacional.

Essa tendência reforçou-se com o advento da pandemia de Covid-19, pois ela aprofundou a utilização desse tipo de serviço, em decorrência do isolamento social, com incremento do comércio digital.

Sucede que o enquadramento jurídico dessa nova modalidade de labor não deixou, em razão desse aprofundamento no seu uso, de suscitar acalorada cizânia, doutrinária e jurisprudencial, sendo, atualmente, um dos mais delicados aspectos no exame da questão.

Desse modo, serão examinados, a seguir, os principais elementos do tema, iniciando-se pela análise do surgimento e das características do trabalho por plataformas digitais, passando-se, em seguida, ao estudo do enquadramento jurídico

---

(74) BRASIL. Tribunal Superior do Trabalho (6ª Turma). *ED-RR n. 561-34.2010.5.09.0669*. Rel.: Augusto Cesar Leite de Carvalho. Decisão de 20 out. 2021.

dessa nova modalidade de labor, seja sob um liame empregatício, uma relação autônoma ou uma forma jurídica intermediária, sem se olvidar da necessidade de salvaguarda de direitos mínimos dos trabalhadores por plataformas digitais.

5.2.1. *Surgimento do trabalho por plataformas digitais*

O trabalho humano evolui continuamente, sempre se revestindo de novas formas, ao longo do tempo.

Nesse sentido, recentemente surgiu, no Brasil e no mundo, uma nova modalidade de labor: por meio de plataformas digitais, decorrente da modificação dos processos industriais, levada a efeito por intermédio da denominada revolução 4.0.

O exame desses novos fenômenos econômicos e trabalhistas revela-se, por conseguinte, de relevância inegável.

5.2.1.1. Economia 4.0

A história da economia caracteriza-se pela evolução das formas de produção, a qual inclui diversas etapas, decorrentes do que a doutrina especializada denomina de revoluções industriais.

A primeira revolução industrial, do século XVIII, baseou-se na utilização do carvão e da máquina a vapor, criando as grandes indústrias, concentrando mão de obra numerosa em espaços fechados de produção.

A segunda revolução industrial, ocorrida na segunda metade do século XIX, representou significativo avanço tecnológico. Baseou-se no uso do aço, da energia elétrica e dos combustíveis derivados do petróleo, com diversos inventos, especialmente: automóvel, telefone, televisor, rádio, avião.

A terceira revolução industrial, que data da segunda metade do século XX, foi marcada pelo uso de microcomputadores e pela criação da internet e do telefone celular, com forte digitalização de documentos e a invenção da robótica. Houve, ainda, a introdução de novas fontes de energia, como a nuclear, a solar e a eólica, além da engenharia genética e da biotecnologia.

Por fim, a quarta revolução industrial, dando ensejo à Indústria 4.0 ou *Gig Economy*, teve início no século XXI, estando em plena evolução atualmente. Trata-se de etapa marcada pela utilização de sistemas ciber-físicos (associação entre computação, rede e processos físicos); a internet das coisas (conectando os itens usados do dia a dia, como eletrodomésticos ou meios de transporte, à rede mundial de computadores e a smartphones); a computação em nuvem; a inteligência artificial.

Merece destaque a inteligência artificial, que utiliza o algoritmo, capaz de identificar com precisão elementos variados do processo produtivo, como local e momento da execução das atividades, além da identificação de clientes em potencial.

Alguns doutrinadores denominam essa etapa da evolução produtiva como economia do compartilhamento, mas o termo encontra resistência por parte da maioria da doutrina, pois ele implicaria as ideias de solidariedade e cooperação, incompatíveis com a intenção precípua do lucro, presente na quase integralidade das empresas do setor.

Tom Slee, um dos maiores especialistas do tema, indica claramente a incompatibilidade entre ambos os conceitos, nos seguintes termos:

> O debate precisa deixar de lado o foco exclusivo na tecnologia. Precisa reconhecer que não há soluções fáceis para problemas sociais complexos — e menos ainda para os conflitos reais e para as injustiças que permeiam a sociedade. A completa negligência da Economia do Compartilhamento em relação à história dos movimentos colaborativos e cooperativos é uma das razões pelas quais foi tão facilmente cooptada pelo mundo dos negócios.[75]

Deixando-se de lado, assim, o inadequado termo de economia de compartilhamento, é preferível nomear essa etapa da evolução produtiva como Economia 4.0 ou *Gig Economy*, aquela marcada por uma modificação radical da forma de produção das empresas, impactando diretamente no trabalho executado por um imenso contingente de pessoas, no mundo inteiro.

5.2.1.2. Empreendedorismo ou relação de trabalho?

Convém destacar, inicialmente, que as plataformas digitais não admitem que as pessoas que concretizam a prestação de serviços junto aos clientes sejam suas trabalhadoras, sustentando que elas seriam, em verdade, empreendedoras parceiras, que se valem dos serviços que as plataformas lhes oferecem, sendo, por conseguinte, meras tomadoras, não prestadoras de serviços, enquanto as plataformas seriam meras intermediadoras dessa relação entre clientes e empreendedores.

---

(75) SLEE, Tom. *Uberização:* a nova onda do trabalho precarizado. São Paulo: Elefante, 2017. p. 322.

Malgrado o respeito que qualquer posição doutrinária mereça, resta evidente que essa tese representa mera elucubração jurídica, desprovida de efetivo fundamento no nosso ordenamento jurídico, pois é inegável que esses prestadores de serviços por plataformas são trabalhadores, não empreendedores, por prestarem, e não tomarem, os serviços das plataformas, ainda que haja clientes igualmente recebendo esses serviços.

Prova irrefutável dessa prestação de serviços é o fato de que todas as suas condições essenciais, como valor, disponibilidade e forma de captação de clientes são fixadas pelas plataformas, sem nenhuma ingerência dos trabalhadores. Uma mera intermediadora jamais teria tamanho poder diante de um verdadeiro empreendedor.

Decorrência lógica da existência dessa prestação de serviços é a superação, por doutrina e jurisprudência sedimentadas sobre o tema, da tese do empreendedorismo, admitindo-se, assim, a existência de uma relação de trabalho nas plataformas digitais.

Conclui-se, desse modo, pelo surgimento de uma nova modalidade de trabalho, executado em plataformas digitais, igualmente denominado de trabalho uberizado.

Esse trabalho possui duas espécies principais: por um lado, a mais conhecida, do trabalho sob demanda ou *on demand*, vinculado a aplicativos, cujas categorias mais comuns são os motoristas no transporte de passageiros ou de carga e os entregadores de alimentos ou de mercadorias; por outro lado, há o denominado *crowdwork*, trabalho contratado junto a uma plataforma com diversos inscritos e executado por tarefas, tais como o controle de conteúdo de *sites*, a elaboração de projetos de engenharia ou de arquitetura ou atividades relacionadas à educação, como aulas ou traduções.

A dúvida que surge, juntamente com essa nova modalidade de trabalho do século XXI, é se ela seria uma evolução das antigas formas, demandando mera adaptação, ou uma forma completamente distinta, exigindo abandono dos antigos marcos regulatórios do labor humano, em cenário de fortes incertezas.

Guilherme Feliciano e Olívia Pasqualeto defendem a primeira hipótese, como se observa do seguinte trecho de texto de sua autoria:

> Se, contudo, evitarmos as previsões extremas — de perfil apocalíptico —, reconheceremos, pelos próprios indícios presentes nas primeiras constituições do século XXI, que o futuro do trabalho ainda se

> pautará, no trinômio realeano (fato-valor-norma), pela convergência dos valores constitucionais hoje vigentes, e, notadamente, a dignidade da pessoa humana (contrária a qualquer processo de coisificação do ser humano) e o valor social do trabalho (contrário a qualquer lógica que se baste pelo consequencialismo econômico), de que deriva uma matriz semântica compositiva dos direitos constitucionais da pessoa no âmbito do trabalho.(76)

Mera evolução, portanto, mas bastante peculiar, o trabalho por plataformas se insere, atualmente, em realidade fortemente precarizada no Brasil.

5.2.1.3. Uma realidade fortemente precarizada

Independentemente da modalidade, o fato é que o trabalho por plataformas apresenta uma característica comum: a forte precarização, pois inexiste, formalmente, vínculo empregatício com os seus trabalhadores, que restam, assim, desprovidos de qualquer direito trabalhista ou previdenciário.

Nesse sentido, os trabalhadores por plataformas prestam seus serviços sem qualquer tipo de cobertura social: em caso de acidente no trabalho, a empresa não lhes presta nenhuma assistência; não há garantia de uma renda mínima, independentemente do número de horas trabalhadas;(77) os períodos laborados não são computados como tais para fins previdenciários, inexistindo qualquer recolhimento por parte das plataformas.

Essencial para compreensão do tema é a observação de que essa realidade precarizada do novo trabalhador digital, evolução do antigo operário fordista ou toyotista — a ponto de alguns o considerarem como parte de uma categoria denominada de precariado —, caracterizada pela ausência de direitos, é fundamental para a maximização dos lucros das empresas do setor, como salienta o ilustre doutrinador Ricardo Antunes:

> Não menos importante é dizer ainda que a classe trabalhadora, em sua nova morfologia, participa cada vez mais do processo de valorização do capital e da geração de mais-valor nas cadeias produtivas

---

(76) FELICIANO, Guilherme Guimarães; PASQUALETO, Olívia de Quintana Figueiredo. (Re)descobrindo o Direito do Trabalho: *gig economy*, uberização do trabalho e outras reflexões. In: FELICIANO, Guilherme Guimarães; MISKULIN, Ana Paula Silva Campos (Coords.). *Infoproletários e a uberização do trabalho:* Direito e Justiça em um novo horizonte de possibilidades. São Paulo: LTr, 2019. p. 19.

(77) Horas que chegaram em alguns setores mais demandados, no atual cenário de pandemia de Covid-19, a uma média de dez a doze por dia, em seis ou sete dias da semana.

> globais. As formas de intensificação do trabalho, a burla dos direitos, a superexploração, a vivência entre a formalidade e a informalidade, a exigência de metas, a rotinização do trabalho, o despotismo dos chefes, coordenadores e supervisores, os salários degradantes, os trabalhos intermitentes, os assédios, os adoecimentos, padecimentos e mortes decorrentes das condições de trabalho indicam o claro processo de proletarização dos assalariados de serviços que se encontra em expansão no Brasil e em várias partes do mundo, dada a importância das informações no capitalismo financeiro global. Constituem-se, portanto, numa nova parcela que amplia e diversifica a classe trabalhadora.(78)

Argumento comumente utilizado pelos defensores do atual cenário precarizado do trabalho por plataformas é o da autonomia dos seus trabalhadores, que naturalmente os submeteria às regras da famosa "mão invisível do mercado".

Sucede que esse argumento se revela, após exame mais acurado da situação, inexoravelmente frágil, pois a suposta autonomia dos trabalhadores por plataformas não se sustenta, conforme se verificará no item seguinte.

Ademais, a própria submissão desses trabalhadores, ainda que se admita sua autonomia, às rígidas regras do mercado, sem nenhuma intervenção do Estado mitigando seus efeitos deletérios — situação atual nas plataformas digitais —, revela-se inadmissível, pois violadora de princípios fundamentais da nossa República, especialmente a dignidade da pessoa humana e o valor social do trabalho (art. 1º, III e IV da CF/88).

Urge sublinhar, todavia, que, mesmo precarizado, o trabalhador por plataformas representa parcela crescente da mão de obra disponível no país, decorrência natural da queda do número de empregados formais no mercado de trabalho.

Donde o acirramento da discussão sobre a ausência ou existência do vínculo empregatício nessa nova modalidade de labor, capaz de lhe assegurar as condições mínimas de dignidade sonegadas pelo seu atual enquadramento jurídico formal precarizado.

---

(78) ANTUNES, Ricardo. *O privilégio da servidão:* o novo proletariado de serviços na era digital. 2. ed. São Paulo: Boitempo, 2020. p. 66.

5.2.2. Regime jurídico do trabalho por plataformas digitais

O trabalho por plataformas enseja intrincada cizânia acerca do seu enquadramento jurídico, conforme será examinado detalhadamente a seguir.

5.2.2.1. Evolução da subordinação

A evolução das relações de trabalho,(79) especialmente pelas novas tecnologias, modificou significativamente a forma de subordinação, alguns dos seus antigos indícios deixando de ser fundamentais, como a presença no local de trabalho ou o horário fixo, concebendo-se o empregado fora do local da empresa, mas com controle pelo empregador, por meios telemáticos.

Concebe-se, assim, um novo tipo de subordinação, a estrutural, pois vinculada à estrutura da empresa, não a ordens diretas do empregador, como antes.

Nesse sentido, a Lei n. 12.551/11 alterou a redação do art. 6º da CLT, inserindo nele um parágrafo único, acrescendo, à previsão originária de ausência de distinção do labor na empresa ou no domicílio do empregado, a possibilidade do labor a distância, não necessariamente no domicílio.

Restou especificado, ainda, que os meios telemáticos e informatizados de controle e supervisão se equiparam, para fins de configuração da subordinação jurídica, aos meios pessoais e diretos de controle e supervisão do trabalho. Tratava-se, portanto, de uma nova modalidade de vínculo empregatício, a distância, mas ainda subordinado.

Aliás, parcela da doutrina, ao examinar o tema do trabalho por plataformas, defende a aplicação desse novo conceito de subordinação, contido no art. 6º da CLT, às relações digitais, cujos trabalhadores seriam, assim, uma modalidade de empregados a distância ou teletrabalhadores.

O que se afigura inarredável, de todo modo, independentemente da extensão dessa nova subordinação já normatizada, é a análise do trabalho por plataformas por meio de um conceito atualizado da subordinação, não vinculado a indícios rígidos e já abandonados para o teletrabalho,(80) não se justificando, por conseguinte, sua manutenção unicamente para o trabalho por plataformas, sob pena de consagração de inegável anacronismo interpretativo.

---

(79) Mesmo antes do advento do trabalho por plataformas.

(80) Como as ordens diretas pelo empregador ou o horário fixo de trabalho, repise-se.

Fausto Gaia, ao realizar esse esforço de atualização interpretativa, defende a existência de uma nova modalidade de subordinação no trabalho por plataformas, que ele define como disruptiva, conforme trecho a seguir da sua obra:

> Diante da necessidade de atualizar os institutos jurídicos concebidos para outra realidade das relações empresariais com os trabalhadores, construímos ao longo do trabalho o conceito de subordinação disruptiva, como forma de conferir atualidade ao pressuposto central identificador das relações de emprego. As tecnologias disruptivas foram incorporadas à estrutura de organização produtiva, o que exigiu do operador do direito a necessidade de atualizar os contornos do conceito de dependência jurídica.(81)

Apesar dos sólidos fundamentos dessa tese, acreditamos, com a devida vênia, ser mais conveniente uma concepção ligeiramente distinta: por não representar efetiva ruptura com a subordinação anterior, mas sim um novo estágio da sua evolução, a subordinação do trabalhador por plataformas não seria disruptiva, mas sim imersiva. Isso porque, ao se inserir no mundo digital das plataformas — no qual o termo imersivo já é utilizado para outros fins(82) —, o trabalhador se submete a estrito controle, por meio do algoritmo das plataformas, capaz de identificar, em tempo real, todas as etapas da sua prestação de serviços, além de lhe impor o valor desses serviços e os clientes a serem atendidos — cuja recusa pelo trabalhador, como se verá adiante, não é livre.

Passemos, então, ao exame pormenorizado da intrincada questão do vínculo empregatício do trabalhador por plataformas, para melhor compreensão das características dessa nova forma de subordinação.

5.2.2.2. Vínculo empregatício ou trabalho autônomo?

Subsiste acalorada cizânia acerca da ausência ou existência do vínculo empregatício do trabalhador por plataformas.

Por um lado, há corrente doutrinária que sustenta ser ele autônomo.

Seus principais argumentos são a liberdade que o trabalhador por plataformas teria para iniciar e terminar a sua jornada; a liberdade para recusar clientes; a

---

(81) GAIA, Fausto Siqueira. *Uberização do trabalho:* aspectos da subordinação jurídica disruptiva. Rio de Janeiro: Lumen Juris, 2019. p. 297-298.

(82) A própria tecnologia do mundo digital é denominada imersiva.

inexistência de ordens diretas ou indiretas das plataformas; o uso de instrumentos de trabalho pertencentes ao próprio trabalhador.

Por sua vez, a corrente que sustenta a existência do vínculo empregatício aponta, como principais indícios desse liame, a utilização de toda uma estrutura das plataformas, cujo funcionamento, incluindo o valor dos serviços prestados — e respectiva variação, frequente no quotidiano do setor —, depende exclusivamente delas, sem ingerência do trabalhador; a impossibilidade de o trabalhador captar diretamente clientes, dependendo inteiramente da plataforma para tanto; a existência de um controle estrito, por meio do algoritmo, capaz de identificar, em tempo real, todas as fases da prestação de serviços; a interferência no labor prestado, por meio de punições (suspensão ou cancelamento do registro), aplicadas em caso de avaliação negativa por clientes ou recusas reiteradas de serviços.(83)

É principalmente o estrito controle do labor prestado que nos conduz a aderir à corrente que sustenta a existência do vínculo empregatício, pois ele nos parece ser prova de uma nova forma de subordinação, distinta da tradicional subordinação jurídica às ordens diretas do empregador, mas, ainda assim, uma vinculação estrita às diretrizes da plataforma.

Nesse diapasão, a existência da subordinação nas plataformas, como apontado no item anterior, seria oriunda da imersão dos trabalhadores nesse universo digital, estritamente dirigido pela inteligência artificial, concretizada pelo algoritmo, capaz de assegurar uma profunda subordinação do trabalhador às diretrizes das plataformas, ainda que não dirigidas ao obreiro de modo expresso, como na clássica relação fordista ou toyotista.

Cumpre salientar, todavia, que o tema ainda se encontra longe de ser pacificado, tanto na doutrina quanto na jurisprudência trabalhistas.

Há, assim, diversas decisões da Justiça do Trabalho brasileira, em ambos os sentidos, ora reconhecendo,(84) ora negando o vínculo empregatício do trabalhador por plataformas.

No Tribunal Superior do Trabalho, a matéria ainda é incipiente, apesar de

---

(83) Impende destacar que as plataformas digitais negam, solenemente, a existência dessas punições, mas há diversos estudos do setor que as comprovam.

(84) Como no processo 1000963-33.2019.5.02.0005, do TRT da 2ª Região, ou no processo 0010222-03.2020.5.03.0136, do TRT da 3ª Região, ambos com decisões que reconhem o vínculo empregatício do trabalhador com a plataforma digital.

já haver decisões esparsas proferidas por algumas Turmas, com decisões em ambos os sentidos.[85]

Particularmente relevante foi o mais recente desses julgados do TST acerca do tema, oriundo da 3ª Turma, pois bastante elucidativo, ao reconhecer o vinculo empregatício de um motorista de aplicativo com a respectiva plataforma, conforme se depreende da sua ementa, a seguir transcrita:

> RECURSO DE REVISTA. PROCESSO SOB A ÉGIDE DA LEI N. 13.015/2014 E ANTERIOR À LEI N. 13.467/2017. UBER DO BRASIL TECNOLOGIA LTDA. NATUREZA JURÍDICA DA RELAÇÃO MANTIDA ENTRE OS TRABALHADORES PRESTADORES DE SERVIÇOS E EMPRESAS QUE ORGANIZAM, OFERTAM E EFETIVAM A GESTÃO DE PLATAFORMAS DIGITAIS DE DISPONIBILIZAÇÃO DE SERVIÇOS DE TRANSPORTE AO PÚBLICO, NO CASO, O TRANSPORTE DE PESSOAS E MERCADORIAS. NOVAS FORMAS DE ORGANIZAÇÃO E GESTÃO DA FORÇA DE TRABALHO HUMANA NO SISTEMA CAPITALISTA E NA LÓGICA DO MERCADO ECONÔMICO. ESSENCIALIDADE DO LABOR DA PESSOA HUMANA PARA A CONCRETIZAÇÃO DOS OBJETIVOS DA EMPRESA. PROJEÇÃO DAS REGRAS CIVILIZATÓRIAS DO DIREITO DO TRABALHO SOBRE O LABOR DAS PESSOAS NATURAIS. INCIDÊNCIA DAS NORMAS QUE REGULAM O TRABALHO SUBORDINADO DESDE QUE NÃO DEMONSTRADA A REAL AUTONOMIA NA OFERTA E UTILIZAÇÃO DA MÃO DE OBRA DO TRABALHADOR (ART. 818, II, DA CLT). CONFLUÊNCIA DOS PRINCÍPIOS CONSTITUCIONAIS HUMANISTAS E SOCIAIS QUE ORIENTAM A MATÉRIA (PREÂMBULO DA CF/88; ART. 1º, III E IV; ART. 3º, I, II, III E IV; ART. 5º, *CAPUT*; ART. 6º; ART. 7º, *CAPUT* E SEUS INCISOS E PARÁGRAFO ÚNICO; ARTS. 8º ATÉ 11; ART. 170, *CAPUT* E INCISOS III, VII E VIII; ART. 193, TODOS DA CONSTITUIÇÃO DE 1988). VÍNCULO DE EMPREGO. DADOS FÁTICOS CONSTANTES DO ACÓRDÃO REGIONAL REFERINDO-SE À RELAÇÃO SOCIOECONÔMICA ABRANGENTE DE PERÍODO DE QUASE DOIS MESES. PRESENÇA DOS ELEMENTOS INTEGRANTES DA RELAÇÃO EMPREGATÍCIA. INCIDÊNCIA, ENTRE OUTROS PRECEITOS, TAMBÉM DA REGRA DISPOSTA NO PARÁGRAFO ÚNICO DO ART. 6º DA CLT (INSERIDA PELA LEI N. 12.551/2011), A QUAL ESTABELECE QUE "OS MEIOS TELEMÁTICOS E INFORMATIZADOS DE COMANDO, CONTROLE E SUPERVISÃO SE EQUIPARAM, PARA FINS DE SUBORDINAÇÃO JURÍDICA, AOS MEIOS PESSOAIS E DIRETOS DE COMANDO, CONTROLE E SUPERVISÃO DO TRABALHO ALHEIO". PRESENÇA, POIS, DOS CINCO ELEMENTOS DA RELAÇÃO DE EMPREGO, OU SEJA: PESSOA HUMANA PRESTANDO TRABALHO; COM PESSOALIDADE; COM ONEROSIDADE; COM NÃO EVENTUALIDADE; COM SUBORDINAÇÃO. ÔNUS DA PROVA DO TRABALHO AUTÔNOMO NÃO CUMPRIDO, PROCESSUALMENTE (ART. 818, CLT), PELA EMPRESA DE PLATAFORMA DIGITAL QUE ARREGIMENTA, ORGANIZA, DIRIGE E FISCALIZA A PRESTAÇÃO DOS SERVIÇOS ESPECIALIZADOS DE SERVIÇOS DE TRANSPORTE.[86]

---

(85) Cite-se, à guisa de exemplo, duas decisões que negam o vínculo: a decisão da 5ª Turma do TST, de 5 de fevereiro de 2020, no bojo do RR – 1000123-89.2017.5.02.0038, assim como o julgado da 4ª Turma do TST, de 9 de setembro de 2020, no bojo do AIRR-10575-88.2019.5.03.0003.

(86) BRASIL, Tribunal Superior do Trabalho (3ª Turma). *RR-100353-02.2017.5.01.0066*. Decisão 6 abr. 2022. Relator Mauricio Godinho Delgado. Disponível em: <https://consultaprocessual.tst.jus.br/consultaProcessual/consultaTstNumUnica.do?consulta=Consultar&conscsjt=&numeroTst=100353&digitoTst=02&anoTst=2017&orgaoTst=5&tribunalTst=01&varaTst=0066&submit=Consultar#>. Acesso em: 10 jan. 2022.

Resta inegável, todavia, pela subsistente e renitente divergência jurisprudencial no Brasil, que essa questão do vínculo empregatício do trabalhador por plataformas ainda demandará algum tempo de maturação, tanto na doutrina quanto na jurisprudência brasileiras.

Será essencial, entretanto, para essa evolução interpretativa e analítica, que se abandone uma visão estática da subordinação clássica fordista, dependente de ordens diretas do empregador ao empregado ou de um horário fixo de trabalho, pois tais elementos são notoriamente incompatíveis com o atual estágio de evolução das relações de trabalho, nas plataformas digitais ou mesmo fora delas.

Nesse sentido, Francisco Barbosa Junior sustenta que:

> Na *gig economy*, o nível de subordinação presente talvez não seja entendido suficiente para reconhecimento de um contrato de emprego sob a égide da ótica do trabalho tradicional. Não obstante, o elemento em tela necessita ser avaliado de outra forma, levando em conta a presença da direção remota do trabalho, de padrões comportamentais, incentivos, punições e metas impostos pela empresa, além da existência de uma remuneração acordada a ser paga por tarefa realizada.(87)

Tal evolução vem se verificando internacionalmente, visto que há diversas decisões recentes, em vários países do mundo, que reconhecem o vínculo empregatício do trabalhador por plataformas, podendo-se citar, especialmente: a decisão da Corte de Cassação francesa, de 4 de março de 2020;(88) do Tribunal de Apelações do Trabalho uruguaio, de 3 de junho de 2020;(89) do Tribunal Supremo espanhol, de 25 de setembro de 2020;(90) do Juzgado de Letras del Trabajo de

---

(87) BARBOSA JUNIOR, Francisco de Assis. Gig Economy *e contrato de trabalho:* aplicabilidade da legislação trabalhista aos vínculos de trabalho da nova economia. São Paulo: LTr, 2019. p. 123-124.

(88) FRANÇA, "M. X x Uber France e Uber B.V.": Cour de Cassation – Chambre Sociale (França), 4 de março de 2020.

(89) URUGUAI, "Queimada, Esteban x Uber B.V. e outro": Tribunal de Apelaciones de Trabajo de Primer Turno, 3 de junho de 2020.

(90) ESPANHA, "Don Desiderio x GLOVO APP 23 S.L.": Tribunal Supremo, Sala de lo Social Pleno, 25 de setembro de 2020.

Concepción, do Chile, de 5 de outubro de 2020;(91) da Suprema Corte inglesa, de 19 de fevereiro de 2021.(92)

Trata-se, portanto, de uma tendência internacional, que quiçá se confirme igualmente no Brasil, quando da sedimentação do tema em nosso país.

5.2.2.3. Uma tese intermediária

Parcela da doutrina, buscando evitar essa acalorada cizânia acerca da existência ou ausência do vínculo empregatício, sustenta a possibilidade de enquadramento do trabalhador por plataformas em regime intermediário: nem empregado, nem autônomo, com direitos de empregado, sem ter o vínculo reconhecido.

Trata-se de tese essencialmente fundamentada na figura jurídica do trabalhador avulso, distinta do empregado, mas que possui direitos deste, conforme previsão do inciso XXXIV do art. 7º da Constituição Federal de 1988.

Vale destacar, nesse sentido, o seguinte trecho de artigo de Rodrigo Carelli e Bianca Carelli sobre o tema, para melhor elucidação:

> Vimos que nos dois fenômenos (trabalho avulso e trabalho por plataforma) é possível identificar a ambiguidade da liberdade concedida, incutida no espírito dos trabalhadores a ideia de liberdade de trabalho, vida sem patrão, mas na realidade a liberdade é imediatamente negada por quem comanda e controla as ofertas de trabalho.
>
> Ambas as categorias possuem vulnerabilidades típicas de empregados, o que se demonstra pela possibilidade de sofrerem penalidades ou pela dependência em relação à Uber ou às operadoras portuárias respectivamente.
>
> A partir da leitura dos dois fenômenos, o presente estudo pretendeu examinar a possibilidade de se conferir proteção legal aos trabalhadores por demanda que prestam serviços intermediados por plataformas. A intenção foi de analisar a categoria do trabalhador avulso, necessário à dinâmica do porto, como paradigma para refletir sobre

---

(91) CHILE, "Alvaro Felipe Arredondo Montoya x Pedidos Ya Chile Spa": Juzgado de Letras del Trabajo de Concepción, 5 de outubro de 2020.

(92) REINO UNIDO, "Uber BV e outros x Yaseen Aslam e outros": Supreme Court of the United Kingdom, 19 de fevereiro de 2021.

> a possibilidade de se conferir proteção legal pelo direito do trabalho a categorias que podem superar o enquadramento de empregado clássico da norma fordista, trazendo reflexos sobre as fronteiras do direito do trabalho.
>
> A partir da investigação do surgimento de outras formas de organização do trabalho, tendo a Uber como modelo, e da comparação com a categoria dos trabalhadores avulsos, é possível concluir que há similitudes importantes no processo de trabalho das duas figuras emergentes, o que pode levar à regulação similar do trabalho sob demanda, considerando os trabalhadores de plataforma como trabalhadores avulsos, destinatários, portanto, da proteção trabalhista.(93)

Tratar-se-ia, portanto, de hipótese situada na zona cinzenta, entre vínculo empregatício e trabalho autônomo, que faria jus, todavia, à proteção do Direito do Trabalho, da mesma forma que o trabalho avulso, por possuir com este diversas similitudes, especialmente a falsa liberdade, afastada inexoravelmente pelo estrito controle que as plataformas exercem sobre a integralidade da prestação de serviços, iniciando-se pela oferta destes, passando pelo seu valor e culminando com a possibilidade de aplicação de penalidades.

Nesse diapasão, sem adentrar no arenoso terreno da determinação ou não da existência do vínculo empregatício, o trabalhador por plataformas estaria coberto por uma robusta rede de proteção social.

Deve-se salientar, contudo, que essa tese, apesar de dotada de sólida fundamentação, não encontra amparo na doutrina e jurisprudência majoritárias sobre o tema, reforçando a relevância do exame de questão paralela: a garantia de direitos mínimos aos trabalhadores por plataformas, mesmo sem reconhecimento do seu vínculo empregatício – ou da sua assimilação ao trabalhador avulso.

5.2.2.4. A subordinação imersiva

O ineditismo do tema, concernente ao regime jurídico do trabalhador por plataformas digitais, justifica o surgimento de tão acalorada cizânia, assim como a existência de tantas correntes acerca do objeto de estudo.

---

(93) CARELLI, Rodrigo de Lacerda; CARELLI, Bianca Neves Bomfim. A zona cinzenta de trabalho e emprego, trabalhadores sob demanda em plataformas digitais e trabalhadores portuários avulsos: direitos trabalhistas além da relação de emprego. *Contracampo*, Niterói, v. 39, n. 2, p. 28-41, ago./nov. 2020, p. 39.

Parece-nos, contudo, que o mais preciso enquadramento desse tipo de trabalhador seja, como salientado acima, por meio de uma nova modalidade de subordinação: a imersiva.

Vale novamente sublinhar que o termo imersivo origina-se da denominação dada aos elementos do setor digital, como a tecnologia ou a educação, sempre chamados de imersivos.

Pertinente ressalvar, todavia, que essa espécie moderna de subordinação representa, em verdade, uma mera evolução da clássica subordinação, que dependia de uma submissão mais estreita do trabalhador aos ditames da empresa, especialmente pela exigência de ordens diretas e quotidianas, de um horário rígido e da prestação de serviços no local da empresa.

Todavia, com o desenvolvimento das relações de trabalho, pela inserção de novas tecnologias, especialmente a inteligência artificial das plataformas digitais, tornou-se despiciendo submeter o trabalhador a tão rígidos parâmetros, pois surgem novas formas de controle suficientemente efetivos, mas que dispensam esses rigorosos limites — analisando de forma mais detida a questão, até mais eficazes do que as ordens diretas ou o horário e local rígidos de trabalho.

Nesse sentido, o algoritmo é capaz de apontar, em tempo real e durante todo o dia, os exatos locais e destinos onde se encontram e para onde se deslocam os trabalhadores por plataformas digitais, superando a antiga necessidade de ordens diretas, de um horário rígido ou da prestação presencial de serviços.

Em caso de qualquer deslize, basta ao usuário da plataforma denunciar o trabalhador — o que igualmente ocorre em tempo real, normalmente durante ou logo após a prestação de serviços —, para que a plataforma puna seu prestador de serviços, o que tem lugar com bastante frequência, como comprovam as suspensões e os cancelamentos de contas recorrentes desses trabalhadores vinculados às plataformas digitais, sem sequer o direito ao contraditório por parte deles, pois decorrem de iniciativa unilateral das plataformas.

Ora, em tal cenário, de controle tão estrito e efetivo pelo algoritmo das plataformas digitais, qual seria a utilidade de um gerente ou encarregado ligar, várias vezes ao dia, para o trabalhador, para controlar suas atividades ou lhe dar ordens? O que lhe restaria controlar, além do que o algoritmo já é capaz de entregar como informação, de maneira muito mais precisa do que ligações em alguns momentos do dia?

Aliás, quanto às ordens diretas, cumpre reiterar que o já citado parágrafo único do art. 6º da CLT, ao prever a subordinação do teletrabalhador, admite expressamente a equiparação dos meios pessoais e diretos de comando, controle e supervisão do trabalho prestado pelos meios telemáticos e informatizados.

Consideravelmente mais razoável, por conseguinte, a aceitação da nova tecnologia da inteligência artificial como meio de controle, comando e supervisão, constituindo a subordinação do trabalhador em plataformas digitais, configurando seu liame empregatício, uma vez que preenchidos todos os respectivos requisitos, a saber: pessoalidade, pois tal trabalhador não pode se fazer substituir, chegando-se, no caso dos motoristas de aplicativos, a ter que se tirar *selfies* no início de cada jornada de trabalho, para comprovar se tratar do motorista cadastrado na plataforma; onerosidade, incontroversa; não eventualidade, realidade da imensa maioria dos trabalhadores por plataformas digitais, que delas fazem sua principal ou única fonte de renda; subordinação, configurada pelo controle exercido pelo algoritmo.

Desse modo, conclui-se que a indicação, como ora se realiza, de uma nova modalidade de subordinação, constitui a simples admissão da evolução da sua clássica configuração, estritamente enquadrada e controlada presencialmente, hoje desnecessária e mesmo inadequada, pois os novos trabalhadores não possuem o mesmo nível de obediência a estritos ditames da empresa, como os de décadas anteriores possuíam.

Trata-se, portanto, de nova faceta da tradicional subordinação do empregado, que assume configuração moderna, tecnológica e à distância: aparentemente ausente, mas patentemente presente, na realidade, pois capaz de controlar cada quilômetro percorrido pelo trabalhador das plataformas digitais, não hesitando em puni-lo, inclusive pela penalidade máxima da exclusão do cadastro, por mera suspeita de conduta inapropriada.

Convém observar, assim, que o trabalhador por plataformas nada mais representa do que a nova modalidade do clássico empregado, atualizado para incorporar à sua rotina de trabalho as novas tecnologias da inteligência artificial, que, de maneira completamente oposta à suposta autonomia, o submete a uma estrita subordinação, ainda que sob um envelope moderno e pretensamente neutro e distante.

5.2.2.5. A necessária garantia de direitos mínimos

Independentemente da cizânia acerca do vínculo empregatício do trabalhador por plataformas, o que enseja menos polêmica é a necessidade de se garantir uma rede mínima de proteção, especialmente se consideradas as estatísticas atuais do mercado de trabalho brasileiro, fortemente precarizado.(94)

O momento atual de pandemia de Covid-19 reforçou essa discussão, pois ele ensejou o pagamento, pelo Estado, de uma renda mínima a todos aqueles que não lograram obter remuneração por meios próprios, por não se admitir o abandono de um imenso contingente de trabalhadores totalmente sem renda.

O tema é tratado de forma bastante elucidativa por Murilo Sampaio, conforme trecho a seguir de artigo de sua autoria:

> Extrai-se, então, que proteção sanitária e a segurança econômica destes trabalhadores recairia na construção pela luta política sindical — via negociação coletiva com recorrência a movimentos grevistas — ou deveria ser transformada em lei. No entanto, há repertório de leis e da própria Constituição que permite, por simples interpretação, conceder dignidade a estes trabalhadores, sem se recair em "canto de sereia".
>
> A concretização dos ditames constitucionais de proteção e dignidade a todo trabalhador impõe que o labor destes "uberizados" seja envolto de um mínimo de dignidade, materializada em uma segurança sanitária mínima (álcool-gel, higienização, luvas, máscaras e entre outros) e uma segurança financeira (salário mínimo ou auxílio financeiro). Isso constituiria um mínimo civilizatório de uma sociedade que é realmente solidária para com esse trabalhador que continua na trincheira das ruas, desprotegido e abandonado à própria sorte, em tempos de distanciamento social.(95)

O que se conclui, assim, do atual momento das relações de trabalho no Brasil, fortemente impactadas pela pandemia de Covid-19, é não somente a adequação, mas igualmente a necessidade de se assegurar ao trabalhador por plataformas, desprovido de qualquer direito trabalhista ou previdenciário, uma rede de proteção social básica, composta, especialmente, por uma renda mínima, por uma cobertura previdenciária basilar e por um meio ambiente do trabalho

(94) Nesse sentido, as estatísticas mais recentes apontam um número aproximado de cinquenta milhões de subcontratados — nem todos, mas muitos em plataformas —, em comparação com um efetivo aproximado de trinta e cinco milhões de empregados formais.

(95) OLIVEIRA, Murilo Carvalho Sampaio. Pandemia e uberização: o trabalhador lutando 'sozinho' na guerra da sobrevivência. *Trab21*, 3 jun. 2020.

hígido, com garantia de local para repouso, sanitários e EPIs essenciais, como álcool em gel e máscaras.

Encontra essa posição, como mencionado pelo autor transcrito acima, amparo constitucional, em diversos princípios e direitos fundamentais, especialmente: a dignidade da pessoa humana (art. 1º, III da CF/88); o valor social do trabalho (art. 1º, IV da CF/88); o direito ao trabalho (art. 6º da CF/88); o direito à seguridade social[96] (art. 194 da CF/88); o direito à saúde (art. 196 da CF/88).

Ainda que se revele desejável uma concretização normativa mais detalhada dessa rede de proteção mínima, fato é que já existem normas gerais aptas a fundamentar essa concretização, com base em que é possível se sustentar uma contribuição da empresa, com ou sem o suporte do Estado, para o estabelecimento de direitos essenciais ao trabalhador por plataformas que lhe preste serviços.

Vale destacar que há, ainda, fundamentos específicos para a aludida contribuição da empresa: o princípio da alteridade (art. 2º, *caput* da CLT), segundo o qual ela assume sozinha os riscos do negócio econômico, como contrapartida natural do lucro que dele aufere; o princípio da função social da empresa (art. 5º, XXIII da CF/88), segundo o qual ela não existe somente para ensejar o lucro, mas igualmente para dar a sua contribuição à sociedade.

Natália Abramides explica de forma bastante didática essa necessária evolução no tratamento da questão, visando à harmonização com os preceitos constitucionais citados, nos seguintes termos:

> Desse modo, o princípio protetivo do Direito do Trabalho, de início vinculado à ideia de hipossuficiência e debilidade do empregado (inclusive financeira e educacional, considerando a sociedade industrial incipiente em que surgem tais conceitos), deve evoluir para a realidade atual e ampliar seu campo de incidência, a fim de tutelar o trabalhador em sua dignidade como ser humano, concretizando o fundamento contido na Constituição Federal, além de promover os valores sociais do trabalho, e, em última instância, as exigências do Estado Democrático de Direito.[97]

---

(96) No qual se inclui o direito à previdência social, assegurada a todos os trabalhadores, independentemente do seu enquadramento jurídico, ainda que dependente de contribuição (art. 201 da CF/88).

(97) ABRAMIDES BRASIL, Natália Marques. *Relações de trabalho em plataformas digitais:* desafios ao modelo tradicional do Direito do Trabalho. Rio de Janeiro: Lumen Juris, 2019. p. 181.

O caminho ideal a se trilhar, assim, é no sentido de se assegurar de imediato, por meio da empresa e/ou do Estado, um arcabouço protetivo mínimo ao trabalhador por plataformas, sem se descurar, por óbvio, do objetivo principal, que é o de formalizar o maior número possível de trabalhadores sob a forma jurídica mais protetiva, do vínculo empregatício, pois presentes os respectivos requisitos, como estudado em item anterior.

5.3. Influenciadores digitais

Uma nova categoria de profissionais, que vem rapidamente ganhando importância no mercado de trabalho brasileiro, é a dos influenciadores digitais.

Em princípio, poderia surgir alguma estranheza pela inserção de tal categoria no rol daquelas que gravitam na zona cinzenta existente entre vínculo empregatício e relação autônoma de trabalho, pois a primeira impressão é a de que se trate de empreendedores independentes, totalmente desvinculados das plataformas digitais nas quais unicamente veiculariam seus conteúdos.

Todavia, um exame mais apurado da questão conduz a conclusão distinta, ainda que se tenha que reconhecer uma forte variedade de situações, dado o amplo espectro de profissionais que se inseriram nesse novo segmento do mercado de trabalho brasileiro.

Apesar disso, fato é que parcela desses novos profissionais pode, sem nenhum exagero hermenêutico, ser enquadrada como vinculada às plataformas.

Urge salientar, nesse sentido, que, no final de fevereiro de 2022, o Brasil passou a reconhecer a atividade do influenciador digital como uma profissão, devidamente registrada na Classificação Brasileira de Ocupações(98) do Ministério do Trabalho, sob o número 2534-10.

Tratou-se de decorrência de estudo técnico acerca das atividades e do perfil da categoria, no qual foram apontados termos sinônimos para identificação da categoria do influenciador digital, a saber: criador, gerador ou produtor de conteúdo digital, além de *influencer*.

Ora, se tal profissão passou a ser, desde então, oficialmente reconhecida como tal — ainda que não seja, até o momento, objeto de lei regulamentadora específica(99) —, obviamente cabe o debate sobre a eventual existência do vínculo empregatício do influenciador digital.

---

(98) Que constitui, sublinhe-se em tempo, uma relação oficial das profissões existentes no Brasil, devidamente reconhecidas como tais pelo Ministério do Trabalho.

(99) Fato que não afasta, absolutamente, a possibilidade do seu enquadramento como profissão oficial, pois a imensa maioria das profissões do mercado brasileiro não possui lei reguladora específica.

Para o exame da questão, será essencial, por conseguinte, a análise dos elementos clássicos e modernos do vínculo empregatício, mais especificamente se o influenciador digital está ou não na execução das suas atividades, obrigado a seguir uma série de regras e diretrizes fixadas pelas plataformas, como a forma e o conteúdo dos vídeos e demais materiais postados, sob pena de cancelamento do seu vínculo com a plataforma.

Evidentemente, não se refere, nesse ponto, aos milhões de usuários brasileiros de plataformas digitais de vídeos e de conteúdos diversos, que meramente as utilizam para postarem seus materiais, de forma gratuita e eventual.

Abordam-se, aqui, os mais conhecidos desses produtores de conteúdo digital, que se tornam uma espécie de vitrine da plataforma. Tanto que se tornam profissionais remunerados — muito bem remunerados, em alguns casos — pelas plataformas digitais, a ponto de obterem o seu sustento dessa remuneração.

Nessa hipótese, de notória dependência econômica, o influenciador digital naturalmente se vincula à plataforma, cujas diretrizes deixam de ser meras orientações gerais, visando manter um padrão de qualidade e de respeito às regras legais de publicação, passando a constituir uma clara subordinação do influenciador digital, sob pena, repise-se, de cancelamento e da consequente perda da remuneração dela auferida, fonte do seu sustento.

Nesse cenário de relevante vinculação, os influenciadores digitais podem, sem sombra de dúvida, dependendo das circunstâncias efetivas de prestação de serviços — como frequência das publicações (não eventualidade), nível de obediência às diretrizes das plataformas (subordinação) e existência de remuneração (onerosidade), a pessoalidade sendo fato evidente — ser enquadrados como empregados, mediante escrutínio pormenorizado dos casos concretos.

Pertinente, uma vez mais, mencionar (pois tal argumento seguramente será utilizado para se contrapor à tese ora sustentada) que a existência de ordens diretas não se revela, absolutamente, imprescindível ou sequer relevante, no atual cenário do mercado de trabalho digital brasileiro, no qual há métodos infinitamente mais eficazes de controle do trabalho do que esses comandos imediatos — como a utilização da inteligência artificial para controle do conteúdo publicado pelo influenciador, em tempo real —, tornando despiciendas e mesmo vetustas essas ordens diretas, na moderna realidade digital nacional, pouco propícia ao antigo enquadramento hierárquico rígido.(100)

Desse modo, pode-se concluir, com segurança, que o trabalho do influenciador digital — sim, pois oficialmente já se trata de um trabalho, uma vez que ele constitui uma profissão oficial, como mencionado acima — abre a perspectiva do enquadramento como vínculo empregatício, desde que configurados os respectivos requisitos, especialmente a subordinação à plataforma digital.

Subordinação que deve, todavia, ser aferida à luz do seu conceito moderno, exaustivamente examinado no item anterior, a saber: desprovido das antigas amarras das ordens diretas ou de um controle mais estrito da forma de prestação de serviços (como a existência de um horário de trabalho rígido), devendo-se buscar, em vez disso, a eventual vinculação do influenciador às diretrizes da plataforma, especialmente quanto ao conteúdo do material postado.

Desafortunadamente, ainda não existe jurisprudência específica sobre o tema, dado o seu ineditismo. Contudo, não há dúvida de que, num futuro próximo, surgirão julgados que examinem o tema ora proposto, do vínculo empregatício do influenciador digital, fato que justifica, de forma indene de dúvidas, a inclusão deste subcapítulo na presente obra.

(100) Enquadramento que não combina, evidentemente, com a natureza despojada e informal da grande maioria dos influenciadores digitais brasileiros, tornando inviável a sua aplicação a essa nova modalidade de relações de trabalho.

Capítulo 6

Profissionais Liberais

Os profissionais liberais são naturalmente dotados de uma autonomia intrínseca ao exercício das suas atividades. Todavia, essa autonomia não impede o eventual reconhecimento do vínculo empregatício do profissional liberal com o tomador dos seus serviços, razão pela qual convém o exame pormenorizado da questão.

6.1. Advogado

Profissional liberal que exerce relevante atividade intelectual, o advogado possui, como característica intrínseca à sua profissão, a autonomia funcional, que lhe garante independência no exercício das suas funções.

Nesse sentido, a empresa ou o escritório que contratam seus serviços não possuem legitimidade para lhe impor pormenores do exercício da sua atividade, tal opção cabe exclusivamente ao próprio advogado.

Sucede que essa autonomia funcional não o impede de ser enquadrado em uma típica relação de emprego, estando subordinado ao seu empregador, desde que mantida a autonomia funcional mencionada.

Prova disso é a previsão do art. 18 da Lei n. 8.906/94, o Estatuto da Advocacia:

> Art. 18. A relação de emprego, na qualidade de advogado, não retira a isenção técnica nem reduz a independência profissional inerentes à advocacia.
>
> Parágrafo único. O advogado empregado não está obrigado à prestação de serviços profissionais de interesse pessoal dos empregadores, fora da relação de emprego.

Conclui-se, portanto, que o seu empregador pode determinar elementos não essenciais do seu labor, como a sua jornada de trabalho, mas não a maneira como o advogado deve redigir uma petição.

Inevitável se reconhecer, todavia, que essa distinção não se revela simples, na prática, pois não raras são as hipóteses de advogados que atuam sob ordens e diretrizes detalhadas do empregador, sem respeito à sua independência profissional.

Igualmente delicado é o próprio reconhecimento formal do vínculo empregatício do advogado, pois muitos tomadores de serviços optam por uma forma autônoma de prestação de serviços, sem deixar de dirigir detidamente as atividades do advogado contratado.

Donde a relevância de se identificar, com clareza, os elementos caracterizadores do liame empregatício desse profissional: além dos clássicos, já examinados no primeiro capítulo desta obra, há os específicos do advogado.

Isso porque a análise não pode deixar de considerar a especificidade apontada acima: a independência técnica do advogado, que o leva a possuir certa autonomia na execução dos seus serviços, ainda que subordinado a um empregador. Trata-se, em resumo, de uma subordinação mitigada a do advogado empregado.

Fundamental, por conseguinte, uma abordagem sensível a esse elemento distintivo, como se observa do excerto seguinte de decisão recente do TST sobre o tema:

> Tratando-se de lei especial, prevalece sobre a CLT, que deve ser aplicada subsidiariamente. Desse modo, a caracterização de vínculo empregatício do advogado imprescinde dos requisitos previstos no art. 3º da CLT, já mencionados (prestação de serviços de natureza não eventual, sob dependência econômica do empregador e mediante remuneração), além de possuir o empregado a qualidade específica de advogado regularmente habilitado para o exercício da profissão. A ausência de qualquer um dos requisitos previstos no art. 3º da CLT importa em que o advogado será autônomo. Ausente a qualidade de advogado devidamente habilitado, poderá ser empregado, mas não advogado.
>
> Para que sua relação de trabalho seja considerada empregatícia, o advogado deve, portanto, como qualquer outro empregado, estar sujeito à fiscalização do empregador no que concerne ao seu horário, à sua assiduidade, ao cumprimento das normas internas etc. Em suma, está submetido, pelo dever de obediência, ao poder de comando do empregador.
>
> É bom destacar, todavia, que a subordinação exigida para configuração da relação de emprego do advogado é mais tênue, mais rarefeita, do que aquela que se exige para os demais empregados não especializados, sendo meramente econômica e jamais técnica. Nesse sentido, o art. 18 da Lei n. 8.906/94, acima transcrito, dispõe que "a relação de emprego, na qualidade de advogado, não retira a isenção técnica nem reduz a independência profissional inerentes à advocacia" e prossegue, em seu parágrafo único, afirmando que "o advogado empregado não está obrigado à prestação de serviços

profissionais de interesse pessoal dos empregadores, fora da relação de emprego". O Código de Ética e Disciplina da OAB também suaviza a subordinação (...).[(101)]

Dito de outro modo, a configuração do vínculo empregatício do advogado depende da inarredável consideração de uma subordinação atenuada, pela qual esse profissional possui independência técnica, submetendo-se meramente a diretrizes gerais da execução dos serviços, como a fixação de um horário e de um local de trabalho ou do rol de clientes a serem atendidos.

6.2. Médico

A realidade do médico no Brasil é muito semelhante à do advogado: trata-se de profissional qualificado, dotado de conhecimentos técnicos, incompatíveis com uma subordinação acentuada ao empregador.

Desse modo, para caracterização do vínculo empregatício do médico, é desnecessário um enquadramento estrito às diretrizes do empregador, pois os conhecimentos técnicos para realização dos procedimentos são do médico, não do seu tomador de serviços.

Bastam, assim, diretrizes genéricas, referentes ao horário de trabalho e aos pacientes a serem atendidos.

Particularidade adicional a ser considerada é a prática corrente no setor de prestação de serviços a diversos tomadores, fato que não impede o reconhecimento do vínculo, como se depreende do trecho seguinte de recente julgado do TST sobre o tema:

> Ademais, ficou evidente que o reclamante, assim como os demais médicos, não atendiam pacientes particulares, mas apenas aqueles que procuravam o hospital para atendimento pelo SUS, conforme depoimento supratranscrito e prova emprestada (Id 0763bf8).
>
> Nesse contexto, correto o entendimento de origem, que reputou fraudulenta a constituição da empresa jurídica pelo reclamante e mais uma sócia, (...).
>
> O fato de o autor não laborar todos os dias é irrelevante, porque isso se dava em razão dos plantões, realizados algumas vezes na semana, o que configura a continuidade marcante do vínculo empregatício (art. 3º da CLT).

---

(101) BRASIL, Tribunal Superior do Trabalho. *Ag-AIRR – 101976-74.2017.5.01.0075*. Decisão 1º set. 2021. Disponível em: <https://jurisprudencia-backend.tst.jus.br/rest/documentos/a86bbba9d08cbe299dc2e570e4984b44>. Acesso em: 4 jan. 2022.

> Enfim, presentes os elementos previstos no art. 3º da CLT: prestação de serviços pessoal, habitual, onerosa e com subordinação, mantenho o reconhecimento da relação de emprego entre o reclamante e a primeira reclamada, nos termos definidos pela origem.[102]

Diversa não poderia ser a conclusão, uma vez que a exclusividade não é requisito para reconhecimento de qualquer vínculo empregatício, menos ainda em ramo da economia no qual é comum os profissionais prestarem serviços em locais distintos.

Deve, uma vez mais, prevalecer a lógica típica da seara laboral, o da primazia da realidade, de que cada caso concreto de médicos postula o liame empregatício que demande um exame apurado e específico das suas reais condições de trabalho, respeitada a independência técnica do profissional e desconsiderado o número de tomadores de serviços, levando-se em conta, em contrapartida, elementos fundamentais, sobretudo o eventual enquadramento do médico em uma estrutura ordenada e dirigida pelo seu tomador de serviços.

Em tempo, é fundamental afastar confusão recente acerca do tema, a saber: a decisão do Supremo Tribunal Federal sobre o vínculo empregatício do médico, proferida no bojo da Reclamação Constitucional n. 61.115, de 25 de julho de 2023, da lavra do Ministro Alexandre de Moraes[103], cassando decisão da Justiça do Trablaho reconhecendo o vínculo empregatício de uma médica, não impede, absolutamente, o reconhecimento geral desse vínculo empregatício do médico, em casos concretos, como sustenta parcela mais desavidada da doutrina, após o referido julgado.

Isto porque ele consistiu em decisão com efeitos meramente *interna corporis*, com aplicação restrita àquele processo no qual a reclamação foi interposta, como todos os julgados proferidos em sede de reclamações constitucionais.

Para todos os demais processos, portanto, inexiste qualquer vinculação, por não se tratar a citada decisão de precedente vinculante, mas de mero julgado com aplicação àquele processo específico.

Nesse sentido, decisões do STF que são vinculantes são aquelas prolatadas no bojo de ações de controle concentrado de constitucionalidade, como as ações

---

(102) BRASIL. Tribunal Superior do Trabalho (2ª Turma). *Ag-AIRR – 10003-52.2014.5.15.0140*. Decisão 1º set. 2021. Disponível em: <https://jurisprudencia-backend.tst.jus.br/rest/documentos/18028c6b-765dc322fa961d6311c47148>. Acesso em: 4 jan. 2022.

(103) BRASIL, Supremo Tribunal Federal (Min. Alexandre de Moraes). *RCL 61.115*. Decisão 25 jul. 2023. Disponível em: <https://jurisprudencia.stf.jus.br/pages/search/despacho1428850/false>. Acesso em: 10 set. 2023.

diretas de inconstitucionalidade, as ações declaratórias de constitucionalidade ou as arguições de descumprimento de preceito fundamental, ou, ainda, aquelas proferidas em sede de recurso extraordinário dotado de repercussão geral.

Todas essas decisões colegiadas e vinculantes, que não se confundem, absolutamente, com decisões monocráticas proferidas no bojo de reclamações constitucionais, as quais não vinculam, repise-se, as demais instâncias do Judiciário brasileiro, salvo naquele processo no qual tiverem sido proferidas.

Conclui-se, por conseguinte, que toda a lógica de raciocínio exposta acima, sobre a possibilidade de reconhecimento do vínculo empregatício do médico, quando presentes os elementos mencionados, permanece intacta, não tendo sofrido qualquer restrição ou prejuízo pelo citado julgado do STF.

Capítulo 7

Trabalhadores nas Vendas

O setor de vendas é bastante peculiar, seja pela forma de remuneração dos seus trabalhadores, por meio de comissões, seja pela forte cultura do que comumente se denomina como empreendedorismo, a saber: a ideia de que, se houver esforço e competência suficientes, o sucesso financeiro será uma consequência natural.

Ainda que tal visão se revele, na prática, um tanto utópica, não encontrando efetivo amparo na realidade da imensa maioria dos vendedores do país, normalmente dedicados e competentes, mas sem a riqueza que lhes é prometida por esse discurso edificante, mas falso, fato é que ele influencia na presença considerável de vendedores supostamente autônomos, mas que, em muitos casos, revelam-se verdadeiros empregados.

Trata-se, portanto, de fundamental relevância a análise detalhada da realidade de trabalho dos vendedores no Brasil.

7.1. Representante comercial

O representante comercial é uma das categorias que suscitam mais polêmica na seara laboral, seja em relação ao vínculo empregatício, seja quanto à própria competência jurisdicional para julgar as suas lides.

Convém, destarte, o exame pormenorizado dos principais elementos concernentes ao tema.

7.1.1. Competência material

O advento da Emenda Constitucional n. 45/2004 parecia pôr um termo à antiga cizânia acerca da competência material para julgar as causas envolvendo representantes comerciais.

Isso porque o teor da nova redação do inciso I do art. 114 da Constituição Federal de 1988, assegurando expressamente a competência da Justiça do Trabalho para qualquer relação de trabalho — superando a antiga restrição à relação de emprego — naturalmente conduziu parcela considerável da doutrina a concluir pela superação dessa polêmica.

Ocorre que essa impressão se revelou, com o tempo, equivocada, pois o tema continuou a suscitar acalorada cizânia, a ponto de ensejar decisão do Supremo Tribunal Federal sobre ele.

Trata-se de decisão de 28 de setembro de 2020, no bojo do Recurso Extraordinário n. 606.003, cuja ementa é a seguinte:

> **EMENTA: Direito Constitucional e do Trabalho. Repercussão Geral. Contrato de representação comercial autônoma, regido pela Lei n. 4.886/65. Não configuração de relação de trabalho prevista no art. 114, CF.**
>
> 1. Recurso Extraordinário interposto contra decisão proferida pelo Tribunal Superior do Trabalho, em que se alega afronta ao art. 114, incisos I e IX, da Constituição Federal, com redação dada pela EC n. 45/2004. Na origem, cuida-se de ação de cobrança de comissões sobre vendas decorrentes de contrato de representação comercial autônoma, ajuizada pelo representante, pessoa física, em face do representado.
>
> 2. As atividades de representação comercial autônoma configuram contrato típico de natureza comercial, disciplinado pela Lei n. 4.886/65, a qual prevê (i) o exercício da representação por pessoa jurídica ou pessoa física, sem relação de emprego, que desempenha, em caráter não eventual por conta de uma ou mais pessoas, a mediação para a realização de negócios mercantis e (ii) a competência da Justiça comum para o julgamento das controvérsias que surgirem entre representante e representado.
>
> 3. Na atividade de representação comercial autônoma, inexiste entre as partes vínculo de emprego ou relação de trabalho, mas relação comercial regida por legislação especial (Lei n. 4.886/65). Por conseguinte, a situação não foi afetada pelas alterações introduzidas pela EC n. 45/2004, que versa sobre hipótese distinta ao tratar da relação de trabalho no art. 114 da Constituição.
>
> 4. A proteção constitucional ao trabalho não impõe que toda e qualquer relação entre o contratante de um serviço e o seu prestador seja protegida por meio da relação de trabalho (CF/1988, art. 7º). Precedentes.
>
> 5. Ademais, os autos tratam de pedido de pagamento de comissões atrasadas. O pedido e a causa de pedir não têm natureza trabalhista, a reforçar a competência do Juízo Comum para o julgamento da demanda.
>
> 6. Recurso extraordinário a que se dá provimento, para assentar a competência da Justiça comum, com a fixação da seguinte tese: "**Preenchidos os requisitos dispostos na Lei n. 4.886/65, compete à Justiça Comum o julgamento de processos envolvendo relação jurídica entre representante e representada comerciais, uma vez que não há relação de trabalho entre as partes**".

Apesar de a decisão transcrita fixar uma regra pelo afastamento da competência da Justiça do Trabalho para lides que envolvam representantes comerciais, parece-nos necessário realizar uma observação: não se trata de uma incompetência geral e absoluta, para qualquer hipótese, mas meramente para lides em que estejam preenchidos os requisitos da lei do representante comercial, como destacado no item 6 da sua ementa.

Dito de outro modo, nas ações em que se discutir a existência do vínculo empregatício, pois não preenchidos os requisitos da representação comercial — especialmente pela pretensa existência de subordinação entre representante e tomador de serviços —, a competência remanescerá sendo da Especializada Trabalhista.

Em resumo: quando o representante comercial postular comissões eventualmente em atraso, deverá acionar a Justiça Comum; todavia, quando pretender a caracterização judicial do seu liame empregatício com o tomador de serviços, será a Justiça do Trabalho a competente.

7.1.2. Configuração do vínculo empregatício

A observação realizada acima é fundamental, pois não raros são os casos de representantes comerciais que pleiteiam o reconhecimento do vínculo empregatício. Donde ser essencial se saber em que ramo do Judiciário deve apresentar sua demanda.

Uma vez superado esse ponto, convém adentrar propriamente na complexa questão da existência ou ausência de liame empregatício entre representante comercial e tomador de serviços.

Elemento inicial a ser considerado (como de praxe): pouco importam as amarras formais pelas quais tiver sido celebrado o vínculo, prevalecendo as reais condições de prestação dos serviços pelo representante comercial.

Desse modo, ainda que formalmente contratado por um instrumento jurídico que indique a existência da representação comercial, ao se deparar com uma discussão acerca do vínculo empregatício, o Judiciário Trabalhista deve se ater aos elementos efetivamente presentes nessas atividades.

Considerando-se que os demais requisitos do vínculo empregatício são comuns à relação empregatícia ou da representação comercial — onerosidade, não eventualidade e pessoalidade —, resta a análise da subordinação jurídica. Se presente estiver, configurado estará o liame empregatício.

Pertinente a transcrição de excerto de paradigmática decisão recente do Tribunal Superior do Trabalho acerca do tema, para melhor elucidação, a saber:

> No tema "vínculo de emprego", conforme muito bem assentado pela decisão combatida, toda a argumentação desenvolvida pela reclamada esbarra na Súmula n. 126 do TST. Isso porque a agravante insiste em alegações que demandariam nítido revolvimento de fatos e provas em sede extraordinária, o que não se admite.
>
> Destaque-se que esta Corte Superior apenas pode valorar os dados fáticos delineados de forma expressa no acórdão regional. Assim, se a pretensão recursal está frontalmente contrária às afirmações do Tribunal Regional acerca das questões probatórias, o recurso apenas se viabilizaria mediante o revolvimento de fatos e provas, circunstância que atrai o óbice da Súmula n. 126 do TST.
>
> A incidência da Súmula n. 126 do TST torna inviável, inclusive, a análise das teses recursais de violação legal e de divergência jurisprudencial.
>
> Nesse sentido, é necessário repisar que a Corte de Origem, soberana na análise de fatos e provas, consignou que os "depoimentos não deixam dúvidas de que o autor não prestava serviços de representante comercial autônomo, pois o que se observa é que ele executava as suas atividades sem liberdade para definir os clientes a serem visitados, sem poder conceder descontos em produtos e vendas a prazo, arcar com os custos operacionais e, ainda, com a obrigação de comparecer às reuniões periódicas, além de ser fiscalizado".
>
> Ficou registrado também que "diversamente do defendido pela reclamada no recurso, a subordinação jurídica do reclamante encontra-se devidamente demonstrada nos autos, diante da sua obrigatoriedade de comparecimento à empresa semanal e mensalmente, a obediência às metas de venda, rota de viagem, cota mínima de produção, ausência de escolha dos clientes e de organização própria, como também risco a cargo do dador do trabalho".
>
> Como se pode perceber, o quadro fático traçado pelo Regional indica que estão "presentes os elementos configuradores do vínculo empregatício entre as partes" e, por isso, conclui-se "pela nulidade dos contratos de representação comercial autônoma". Logo, para afastar o reconhecimento do vínculo de emprego, como pretende a ora agravante, seria necessário o revolvimento de fatos e provas, o que não se admite em sede extraordinária, na esteira da Súmula n. 126 do TST.(104)

Ainda que o TST não tenha adentrado profundamente no mérito da discussão, pela impossibilidade de se revolverem elementos fáticos e probatórios em sede de recurso de revista, restou evidente que ele corroborou os argumentos utilizados pela Corte inferior, ao deferir o vínculo empregatício do representante

---

(104) BRASIL, Tribunal Superior do Trabalho (6ª Turma). *Ag-AIRR – 229-60.2019.5.21.0041*. Decisão 15 dez. 2021, relator Augusto Cesar Leite de Carvalho. Disponível em: <https://jurisprudencia-backend.tst.jus.br/rest/documentos/473f0c0750b5d1aa9c21895b803262fd>. Acesso em: 4 jan. 2022.

comercial, sobretudo pela ausência de autonomia, pois efetivamente subordinado à empresa, pela obrigatoriedade de comparecimento semanal e mensal, além da obediência às metas de vendas, rotas de viagens, cota mínima de produção, ausência de escolha de clientes e de organização própria.

Aliás, nesse mesmo julgado — posterior à citada decisão do STF sobre o tema — o TST adotou a tese exposta acima acerca da competência da Justiça do Trabalho para julgar esse tipo de lide, versando sobre configuração ou não de liames empregatícios de representantes comerciais.

Conclui-se, por conseguinte, pelo seguinte parâmetro de análise: sempre que o representante comercial não for dotado de efetiva autonomia, e estiver vinculado a diretrizes da empresa na execução dos seus serviços, restará configurado o vínculo empregatício.

7.2. Corretor de imóveis

O corretor de imóveis padece do mesmo problema do representante comercial: formalmente possui liberdade na execução do seu labor, sendo pretensamente um autônomo; contudo, em número significativo de casos, sua realidade se diferencia bastante da autonomia que deveria nortear sua prestação de serviços.

Nesse sentido, o exame da condição do corretor de imóveis, para decisão se seria autônomo ou empregado, deve, necessariamente, passar pela aplicação do consagrado princípio trabalhista da primazia da realidade.

Unicamente a realidade dos fatos, das condições efetivas de exercício das suas atividades, será capaz de apontar, de maneira segura a melhor solução para cada caso concreto.

Desse modo, sempre que presentes os requisitos do vínculo empregatício, independentemente da forma jurídica sob a qual esteja enquadrada essa relação do vendedor, ele será um empregado.

Tal afirmação, apesar de óbvia, ainda suscita, por incrível que possa parecer, alguma resistência, especialmente quando presente a forma jurídica da pessoa jurídica para enquadramento do corretor de imóveis.

Trata-se do típico caso da pejotização, pela qual o corretor de imóveis cria uma pessoa jurídica para prestar serviços a determinada empresa — normalmente, por exigência desta.

Todavia, em número considerável de hipóteses, a aferição das reais condições de prestação de serviços indica uma ausência completa de autonomia, pelo enquadramento do corretor de imóveis sob as diretrizes e comandos da tomadora de serviços.

Outra não pode ser a conclusão: estará presente a subordinação do empregado, a pessoa jurídica criada como pretenso obstáculo nada mais representando do que um fraudulento simulacro, a ser afastado pela análise pormenorizada da situação.

Relevante, assim, examinar a situação do corretor de imóveis, formalmente autônomo, mas não raramente tendo seu vínculo empregatício reconhecido na Justiça do Trabalho, como se observa do seguinte julgado do TST, bastante elucidativo acerca do tema, conforme trecho a seguir transcrito:

> O Reclamante estava autorizado a trabalhar como corretor (CRECI).
>
> Nos termos do art. 6º, § 2º, Lei n. 6.530/78, o corretor poderá se associar a uma ou mais imobiliárias, sem que isso, por si só, configure relação de emprego (art. 3º, CLT). *In verbis: "§ 2º O corretor de imóveis pode associar-se a uma ou mais imobiliárias, mantendo sua autonomia profissional, sem qualquer outro vínculo, inclusive empregatício e previdenciário, mediante contrato de associação específico, registrado no Sindicato dos Corretores de Imóveis ou, onde não houver sindicato instalado, registrado nas delegacias da Federação Nacional de Corretores de Imóveis".*
>
> Em outras palavras, a avaliação da existência ou não da relação de emprego depende de cada caso concreto, no qual se verifiquem os requisitos previstos no art. 3º, CLT.
>
> Em situação análoga, já decidiu o TST.
>
> (...)
>
> Destarte, o desempenho de atividades relacionadas à atividade-fim da Reclamada (intermediação de negócios imobiliários — art. 2º, Estatuto Social), não configuram, por si só, uma prática ilícita, vez que possui regramento jurídico específico.
>
> Passo à análise dos requisitos indispensáveis à caracterização da relação de emprego.
>
> No presente caso, verifico a existência dos requisitos previstos no art. 3º, CLT (pessoa física, pessoalidade, habitualidade e onerosidade), portanto, o cerne da presente controvérsia cinge-se à subordinação.
>
> O encargo probatório, como já salientado, era da Reclamada. Em relação à subordinação, por se tratar de requisito essencial para o reconhecimento do vínculo empregatício, cumpre tecer algumas considerações.
>
> No âmbito do Direito do Trabalho brasileiro, a subordinação é primordial na caracterização da relação de emprego, como ponto de distinção entre o trabalhador autônomo e o subordinado (art. 3º, CLT).

A doutrina brasileira, assim como a internacional, procura caracterizar a subordinação como:

a) econômica — o empregado, como tem o salário como principal fonte de subsistência, tem uma dependência econômica em relação ao empregador. É uma visão insatisfatória. Há trabalhadores que detêm uma condição econômica superior à do empregador e, mesmo, assim, são considerados empregados. Por outro lado, pode haver dependência econômica, sem que se tenha a condição de empregado, como são as hipóteses do representante comercial e do empreiteiro;

b) técnica — como o empregador detém a exploração da atividade econômica, o empregado dependeria das suas orientações técnicas para o desempenho de suas atividades laborais. Atualmente, é inaceitável esta tese. Com a expansão do conhecimento e qualificação do trabalhador, há situações nas quais o conhecimento técnico do trabalhador é importante para a consecução da atividade econômica, logo, o empregador seria o dependente;

c) jurídica — o empregado, além de estar obrigado a trabalhar, deverá fazê-lo sob as ordens do empregador. Trata-se de uma vinculação jurídica, visto ser originária de um negócio jurídico (contrato de trabalho).

Nesse aspecto, leciona Mauricio Godinho Delgado: "*A subordinação classifica-se, inquestionavelmente, como um fenômeno jurídico, derivado do contrato estabelecido entre trabalhador e tomador de serviços, pelo qual o primeiro acolhe o direcionamento objetivo do segundo sobre a forma de efetuação da prestação do contrato*" (*Curso de direito do trabalho*, 11. ed. São Paulo: LTr, 2012. p. 296).

Como fenômeno jurídico, a subordinação é vista por três prismas:

a) o subjetivo, no qual se evidencia a sujeição do empregado ao poder diretivo do empregador. Trata-se da visão clássica da subordinação. A subordinação tem destaque pela intensidade das ordens emanadas pelo empregador em relação à prestação dos serviços por parte do empregado. "*O empregado não atua de livre vontade, estando sujeito às ordens do empregador. Esta subordinação, no entanto é jurídica, e não pessoal, pois originada de um negócio jurídico (contrato de trabalho), em que uma parte assume o dever de trabalhar para outra, que a remunera. Por outro lado, notamos que esta subordinação é necessária em virtude da estrutura capitalista da empresa moderna. O critério da subordinação baseia-se portanto no fato de que o empregado não está obrigado apenas a trabalhar, mas a fazê-lo sob as ordens do empregador. Essa concepção ficou conhecida como a da subordinação subjetiva, ou modelo da subordinação-controle. Porém, com o passar do tempo e a crescente complexidade das relações de emprego e de trabalho, bem como as novas modalidades de prestação de trabalho, essa orientação demonstrou ser perigosamente simplista, atraindo distorções e revelando as falhas naturais da concepção*". (ZANGRANDO, Carlos Henrique da Silva. *Curso de Direito do Trabalho*. São Paulo: LTr, 2008. t. 2, p. 434).

b) o objetivo, em que a subordinação está no modo em que se dá a prestação de serviços e não no tocante à pessoa do empregador. O empregado está vinculado aos fins e objetivos da atividade desenvolvida pelo empregador. "*Na visão moderna, o vínculo que une o empregado ao empregador é a atividade do primeiro, que se exterioriza por meio da prestação do trabalho. E é sobre a atividade do trabalhador, e não sobre a sua pessoa, que o empregador exerce seu poder de direção e comando. Evidentemente, quando o empregador admite o empregado, busca nele mais suas habilitações particulares que traços de sua personalidade. No entanto, como o trabalho não existe per se, é impossível dissociá-lo da figura do trabalhador. Daí se dizer que na relação de emprego existe uma relação imediata com a atividade do emprego (trabalho), e uma atividade mediata com a pessoa do mesmo. A subordinação gravita em torno da atividade imediata, e não da mediata. Exercita-se a subordinação, porém, sobre comportamentos de recíproca expressão, que se definem pela integração da atividade do empregado na organização empresarial."* (ZANGRANDO, Carlos Henrique da Silva. *Ob. cit.*, t. 1, p. 434) .

c) estrutural, em que o trabalhador está inserido na atividade econômica do empregador. Não é necessário que receba ordens diretas ou que o seu trabalho esteja relacionado com os fins da empresa. A subordinação repousa na inserção do trabalhador na dinâmica de organização e funcionamento da empresa.

Os diversos prismas do fenômeno jurídico da subordinação não devem ser aplicados de forma excludente e sim com harmonia. Nesse aspecto, concordamos com as palavras de Mauricio Godinho Delgado: "*A conjugação dessas três dimensões da subordinação — que não se excluem, evidentemente, mas se completam com harmonia — permite superaram-se as recorrentes dificuldades de enquadramento dos fatos novos do mundo do trabalho ao tipo jurídico da relação de emprego, retomando-se o clássico e civilizatório expansionismo do Direito do Trabalho. Na essência, é trabalhador subordinado desde o humilde e tradicional obreiro que se submete à intensa pletora de ordens do tomador ao longo de sua prestação de serviços (subordinação clássica ou tradicional), como também aquele que realiza, ainda que sem incessantes ordens diretas, no plano manual ou intelectual, os objetivos empresariais (subordinação objetiva), a par do prestador laborativo que, sem receber ordens diretas das chefias do tomador de serviços, nem exatamente realizar os objetivos do empreendimento (atividades-meio, por exemplo), acopla-se, estruturalmente, à organização e dinâmica operacional da empresa tomadora, qualquer que seja sua função ou especialização, incorporando, necessariamente, a cultura cotidiana empresarial ao longo da prestação de serviços realizada (subordinação estrutural)*". (*Ob. cit.*, p. 298)

No presente caso, as testemunhas confirmaram que o Reclamante "coordenava equipe" e que recebia ordens do diretor sr. Eduardo Natividade, bem como poderia contratar e dispensar subordinados, restando evidenciada a subordinação jurídica e estrutural.

As testemunhas também confirmaram que houve a prestação de serviços ininterruptas, inclusive nos anos de 2009 e 2010, bem como o recebimento de comissões sobre as vendas.

Diante da existência dos requisitos da relação de emprego, não se pode aceitar as alegações de relação autônoma de corretagem, como afirma a Recorrente.

A exclusividade não é elemento essencial da relação de emprego. Inexistem nos autos provas das alegações da Reclamada quanto à prestação de serviços para terceiros e de outras fontes de renda.

> Foram apresentados recibos de pagamento RPAs e comprovantes de depósitos bancários (docs. 15/539, vol. de documentos).
>
> Não existe qualquer irregularidade no pagamento de comissões sobre as vendas, com cheques de clientes. De modo que a apuração da média salarial somente será possível pelos depósitos bancários (princípio da persuasão racional e máximas experiências), como determinado em sentença.
>
> Considerando o período do reconhecimento do vínculo, descabidas as alegações quanto aos documentos apresentados (anteriores ao período de trabalho).
>
> Diante disso, mantenho a sentença quando ao reconhecimento do vínculo empregatício, bem como as determinações de anotações legais (dever legal do empregador).[105]

Desse modo, o fato de o corretor de imóveis — ou qualquer outro vendedor — ser supostamente um autônomo, mesmo que mediante elementos formais, como o registro junto ao CRECI ou a constituição de uma pessoa jurídica para prestação dos serviços, não impede, absolutamente, a configuração do seu vínculo empregatício, desde que presentes os respectivos requisitos, sobretudo a subordinação, a ser aferida de forma profunda, por meio das suas diferentes variantes, especialmente as mais modernas.

---

(105) BRASIL, Tribunal Superior do Trabalho (2ª Turma). *Ag-AIRR – 1997-93.2015.5.02.0007*. Decisão 7 dez. 2022, relator Sérgio Pinto Martins. Disponível em: <https://jurisprudencia-backend.tst.jus.br/rest/documentos/9b36f5a1eab9bf0d2fb71221c3c98c25>. Acesso em: 1º jan. 2023.

Capítulo 8

Atividades Diversas

Além das atividades examinadas acima, que envolvem três setores diferentes do mercado de trabalho — relações digitais, profissões liberais e vendas —, há diversas outras que demandam particular atenção, por frequentemente possuírem trabalhadores que laboram no limite entre o vínculo empregatício e a relação autônoma.

Conveniente, assim, o estudo detalhado dessas atividades diversas da realidade brasileira que suscitam cizânia quanto ao seu enquadramento jurídico.

8.1. Portuário

O trabalho portuário é um tipo de trabalho que enseja dúvidas, por se tratar de espécie pouco estudada e compreendida.

Todavia, por representar área relevante da economia nacional, com evidente vocação portuária, dada sua imensa costa, o exame pormenorizado do vínculo empregatício do trabalho portuário é de extrema importância.

8.1.1. Definição

Primeiramente, cumpre esclarecer que o trabalhador portuário é aquele que trabalha na atividade portuária, com ou sem vínculo empregatício com o operador portuário.

Isso significa que nem todo trabalhador portuário é avulso. Somente o portuário que trabalha mediante a intermediação — do OGMO, nos portos organizados, ou do sindicato, fora dos portos organizados — é considerado como avulso. O avulso não possui vínculo empregatício com o tomador dos seus serviços.

Dito de outro modo, além do trabalhador portuário avulso (habitualmente denominado, no porto, pela sigla TPA), existe o trabalhador portuário que possui vínculo empregatício com o operador portuário, não sendo, portanto, avulso, mas sim empregado.

Por outro lado, nem todo avulso é portuário, pois existem avulsos em outras atividades, como o chapa, no setor de transporte.

Por derradeiro, convém destacar que o trabalhador que labora a bordo dos navios, em funções relacionadas à segurança e manutenção das embarcações, não é considerado como portuário, mas sim como trabalhador marítimo, espécie do trabalhador aquaviário (a ser estudado, mais detidamente, adiante).

Além desses conceitos básicos referentes ao trabalhador portuário, convém examinar alguns outros institutos essenciais, a ele relacionados.

8.1.2. Vínculo empregatício ou trabalho avulso

O trabalhador avulso,[106] que integra relação tripartite envolvendo, ainda, o sindicato ou OGMO,[107] que intermedeiam a sua colocação no mercado de trabalho, e a empresa tomadora dos seus serviços, não se confunde com o trabalhador autônomo, pois este integra relação que envolve somente duas partes, trabalhador e tomador de serviços.

Outra distinção essencial do avulso com relação aos demais trabalhadores sem vínculo empregatício: apesar de não ser empregado, o avulso possui direitos de empregado.[108]

Pode-se apontar, como diferenças entre o avulso e o empregado, a não eventualidade e a pessoalidade, ausentes no labor do avulso, que presta serviços de modo eventual — alguns dias ou semanas — para o mesmo tomador, em seguida passando a prestar serviços a outro tomador, e sem pessoalidade, visto que a seleção do avulso não ocorre pelo tomador de serviços, mas sim pelo agente intermediador — sindicato ou OGMO —, de acordo com uma lista dos avulsos, priorizando os primeiros da lista, sem, portanto, nenhum tipo de pessoalidade.

Nesse sentido, sempre que um suposto portuário avulso prestar serviços com pessoalidade e habitualidade, haverá relevante indício da existência de vínculo empregatício com o operador portuário tomador dos seus serviços, pois o seu labor é, por essência, eventual e sem pessoalidade.

---

(106) Cuja relação de trabalho encontra-se regulada pelo art. 12, VI da Lei n. 8.212/91, pelos arts. 20 e 26 da Lei n. 8.630/94 e pelo art. 1º da Lei n. 9.719/98.

(107) Órgão Gestor de Mão de Obra, responsável pela colocação do trabalhador avulso no trabalho nos portos do país.

(108) Conforme previsão do art. 7º, XXXIV da CF/88.

Donde o reconhecimento, no aresto a seguir transcrito, do vínculo empregatício do trabalhador avulso — ainda que não portuário, neste caso, mas com situação jurídica acerca do liame com seu tomador idêntica à do trabalhador avulso portuário, pois igualmente avulso — laborando em condições distintas das ordinárias, conforme trecho seguinte de decisão do TRT da 3ª Região acerca do tema, *verbis*:

> RELAÇÃO DE EMPREGO. TRABALHADOR AVULSO.
>
> Repisa o reclamante a fraude noticiada na inicial, consistente na contratação pela 2ª reclamada (...), por intermédio do 1º reclamado (Sindicato dos Trabalhadores na Movimentação de Mercadorias em Geral de Araxá), objetivando burlar os direitos trabalhistas.
>
> Sustenta que, desde sua contratação em julho de 2012, prestou serviços de forma direta e subordinada à 2ª reclamada, o que ocorreu até 14.11.2013.
>
> Requer a reforma da sentença para reconhecer o vínculo direto com a tomadora de serviços, com pagamento de verbas rescisórias e demais direitos pleiteados na exordial.
>
> Examino.
>
> A questão cinge-se à validade ou não da intermediação da mão de obra avulsa realizada pelo Sindicato dos Trabalhadores na Movimentação de Mercadorias em Geral de Araxá unicamente à 2ª reclamada (...).
>
> A hipótese dos autos é regida pela Lei n. 12.023/2009, que dispõe sobre as atividades de movimentação de mercadorias em geral e sobre o trabalho avulso, urbano ou rural, não portuário, que em seu art. 1º estabelece:
>
> *"Art. 1º As atividades de movimentação de mercadorias em geral exercidas por trabalhadores avulsos, para os fins desta Lei, são aquelas desenvolvidas em áreas urbanas ou rurais sem vínculo empregatício, mediante intermediação obrigatória do sindicato da categoria, por meio de Acordo ou Convenção Coletiva de Trabalho para execução das atividades.*
>
> *Parágrafo único. A remuneração, a definição das funções, a composição de equipes e as demais condições de trabalho serão objeto de negociação entre as entidades representativas dos trabalhadores avulsos e dos tomadores de serviços.*
>
> A definição de trabalhador avulso, por sua vez, é dada pela lei previdenciária (Lei n. 8.212/91) que em seu art. 12, VI, dispõe que é trabalhador avulso quem "presta, a diversas empresas, sem vínculo empregatício, serviços de natureza urbana ou rural definidas no Regulamento", o qual define em seu art. 9º que "avulso é aquele que, sindicalizado ou não, presta serviços de natureza urbana ou rural, sem vínculo empregatício, a diversas empresas, com intermediação obrigatória do sindicato da categoria ou do órgão gestor de mão de obra".
>
> Nesse mesmo sentido a doutrina, segundo a qual trabalhador avulso é o que presta serviços a inúmeras empresas, agrupado em entidade de classe, por intermédio desta e

sem vínculo empregatício, com as seguintes características: a) intermediação do sindicato ou órgão específico na colocação da mão de obra; b) curta duração dos serviços; c) predomínio da remuneração em forma de rateio (Valentin Carrion. *Comentários à Consolidação das Leis do Trabalho*, 31. ed. Saraiva, p. 36).

Destarte, no legítimo trabalho avulso, conforme se depreende do próprio conceito e da natureza desses serviços, em que o trabalhador não se prende a uma única empresa, mas sim se submete a vários tomadores, sempre subordinado somente ao órgão intermediador, que, no caso do trabalho avulso não portuário, é o sindicato da categoria.

No caso dos autos, o reclamante afirmou na inicial ter sido admitido em 15.4.2012, para exercer a função de auxiliar de serviços gerais, tendo trabalhado até 14.11.2013, em turnos ininterruptos de revezamento. Disse ter sido procurado no sindicato pela 2ª reclamada, tendo prestado serviços direta e exclusivamente a esta empresa (fl. 03).

O sindicato autor, embora sustente a tese de regular contratação de trabalhador avulso, sem vínculo empregatício, afirmou em defesa que o período laborado foi de 13.7.2012 a 11.3.2013 e de 8.6.2013 a 6.11.2013, confirmando a realização de escala de revezamento de 6x1, 6x2 e 6x3, nos horários das 7h às 15 horas, das 15h às 23 horas e das 23h às 7 horas, respectivamente (fl. 31).

Do contexto probatório, infere-se que a tese de que a 2ª reclamada foi tomadora exclusiva dos serviços do reclamante foi objeto de confissão pelo preposto do sindicato, ao afirmar que (...) o reclamante somente trabalhou em favor da segunda reclamada; não sabe informar o período; o sindicato tem escala de avulsos em outras empresas, porém o reclamante só trabalhou para a segunda reclamada, por um período pequeno (fl. 894). Disse, ainda, que "reclamante sabia dos horários que deveria cumprir, por isso não era comunicado com alguma antecedência do local em que deveria comparecer para trabalhar." (fl. 894).

Reconhecido o cumprimento de escala de revezamento pelo sindicato, resulta daí a inafastável conclusão de que o trabalho do reclamante era habitual, pois mesmo com alternância de horários foi reconhecido que o autor tinha conhecimento das escalas que deveria cumprir, o que, por certo, só ocorre com aquele que está inserido habitualmente no contexto de trabalho da reclamada. Logo, a atuação do reclamante em favor da 2ª reclamada não se deu apenas eventualmente, conforme demanda, como afirmou a 2ª ré, pois a ciência dos horários e escalas em que deveria se apresentar ao trabalho indica exatamente o contrário.

Além disso, também ficou provado que mesmo indiretamente havia ingerência da 2ª reclamada sobre a prestação de serviços do reclamante, seja porque repassava as instruções para a execução do serviço ao representante do sindicato, que, por sua vez, acompanhava os trabalhos desempenhados, seja porque havia controle da jornada de trabalho, conforme boletins de serviço juntados aos autos, a exemplo daqueles de fls. 353/356.

Interessante observar que o primeiro dia de trabalho indicado na ficha de registro de trabalhador avulso (fl. 41) coincide exatamente com o período retratado nos recibos de pagamento de salário, especialmente aquele de fl. 67, cabendo aqui lembrar, mais uma

> vez, que o preposto do sindicato reconheceu a exclusividade em favor da 2ª reclamada. Outrossim, é certo que tais recibos quitam o pagamento de salário por produção, em valores sujeitos a pouca variação, pelo período compreendido entre a 2ª quinzena do mês de julho de 2012 até abril de 2013 (fls. 57/67) e, posteriormente, de junho a novembro de 2013 (fls. 70/76), o que afasta a alegação de defesa no sentido de que a prestação de serviços ocorria conforme a demanda, sendo de forma eventual.
>
> Ressalto que a caracterização da relação de emprego se dá pelo exame dos fatos, pouco importando o nome emprestado pelas partes ao ajuste firmado, quando se reúnem os pressupostos dos art. 3º da CLT, a saber, prestação de serviços com pessoalidade, não eventualidade, onerosidade e subordinação jurídica, de acordo princípio da primazia da realidade.
>
> Em face do exposto, dou parcial provimento ao recurso do reclamante para reconhecer o vínculo diretamente com a tomadora dos serviços, mas pelo período de 13.7.2012 a 11.3.2013 e de 8.6.2013 a 6.11.2013, tendo em vista que os próprios recibos de pagamento juntados com a inicial não indicam a quitação de qualquer valor no interregno compreendido entre meados de março a início de junho de 2013, donde se presume que também não houve trabalho nesse período.
>
> A fim de se evitar a supressão de instância, determino o retorno dos autos ao Juízo para julgamento dos pedidos decorrentes.[109]

Trata-se, assim, de hipótese perfeitamente admissível a do reconhecimento do liame empregatício entre um trabalhador portuário avulso e o seu tomador de serviços, quando desvirtuadas as características específicas do efetivo vínculo avulso.

Relevante apontar, ademais, que a competência para julgar essa lide, que versa sobre eventual existência do vínculo empregatício do trabalhador portuário avulso, é da Justiça do Trabalho, na forma do inciso I do art. 114 da Constituição Federal de 1988.

8.1.3. Direitos de empregado do portuário avulso

Independentemente da existência do vínculo empregatício, o portuário avulso teve garantidos os direitos do empregado, pelo texto constitucional: nos termos do art. 7º, XXXIV da Constituição Federal de 1988, ele passa a ser equiparado ao empregado, no tocante aos seus direitos.

Se, por um lado, a nova regulação, inaugurada pela Constituição Federal de 1988 e pela Lei n. 8.630/93 — posteriormente revogada pela nova lei do setor, a

---

(109) BRASIL, Tribunal Regional do Trabalho da 3ª Região (7ª Turma). *Processo n. 0001033-81.2014.5.03.0048*. Decisão 25 maio 2016, relator Eduardo Aurélio Pereira Ferri. Disponível em: <https://juris.trt3.jus.br/juris/detalhe.htm?conversationId=1395>. Acesso em: 10 jan. 2023.

Lei n. 12.815/13 —, nada alterou com relação à situação jurídica dos trabalhadores das Companhias Docas, o mesmo não ocorreu com os trabalhadores portuários avulsos, que deixaram de possuir a anterior regulação pela CLT, cujo capítulo foi revogado pela Lei n. 8.630/93, surgindo um vazio normativo relevante com relação a diversos pontos.

Um desses pontos sem regulação específica foi, justamente, a jornada de trabalho, que tampouco veio a ser regulada pela Lei n. 12.815/13, novo marco regulatório dos portuários, que revogou a lei anterior, meramente atribuindo à Autoridade Portuária o poder de estabelecer a jornada de trabalho no cais de uso público. O vazio normativo permaneceu, portanto.

Nem mesmo as normas internacionais podem ser utilizadas como fonte para suprir essa lacuna, pois a Convenção 137 da OIT, referente aos trabalhadores portuários, tampouco regulou a sua jornada de trabalho.

Surge, então, a dúvida: diante desse vazio normativo, aplica-se a Lei n. 4.860/65 ou a CLT para regular a jornada do trabalhador portuário avulso?

A Lei n. 4.860/65 é, segundo a jurisprudência dominante, aplicável a algumas situações pontuais do trabalhador portuário avulso, a saber: a jornada noturna, das 19h às 7h, sem a hora ficta noturna, nos termos da OJ n. 60 da SDI-1 do TST; adicional de risco, tema não diretamente relacionado à jornada de trabalho, mas que demonstra essa regulação híbrida do trabalhador portuário avulso, na forma da OJ n. 402 da SDI-1 do TST.

Para as demais situações, a CLT se aplica, em conformidade com a expressa previsão constitucional da equiparação de direitos entre empregados e trabalhadores avulsos, contida no art. 7º, XXXIV da CF/88.

Nesse sentido, o intervalo interjornada do trabalhador portuário avulso é o ordinário, de 11 horas, respeitando-se, ainda, o repouso semanal remunerado de 24 horas, diversamente da previsão da Lei n. 4.860/65, cujo art. 7º, § 4º prevê somente as 11 horas, sem o acréscimo das 24 horas do DSR.

Apesar de parecer singelo, esse é um tema bastante polêmico no setor portuário. Isso porque não é raro encontrar-se no porto normas coletivas que preveem a redução do intervalo interjornada de 11 horas, com base em um costume do setor de dobras ou de jornadas com intervalos mais curtos, especialmente pela previsão de jornada de 6 horas seguidas de 6 horas de repouso, com retomada de nova jornada de 6 horas.

Sucede que existe um problema adicional, além da regra celetista, para a admissão de tal redução do intervalo interjornada: a previsão do art. 8º da Lei n. 9.719/98, que exige o intervalo de 11 horas, salvo situações excepcionais, previstas em normas coletivas.

Cumpre salientar, aliás, que a jurisprudência é majoritariamente contrária a tal redução do intervalo interjornada pelas normas coletivas, podendo-se afirmar que, apesar de persistir alguma resistência, vigora a regra geral do intervalo de 11 horas, como previsto no texto celetista.

Vale mencionar a existência de um Termo de Ajustamento de Conduta, celebrado em 2006, entre o Ministério Público do Trabalho e o OGMO de Santos, prevendo o respeito ao intervalo interjornada de 11 horas, salvo em situações excepcionais, como na falta de trabalhador portuário avulso registrado e sucessivamente de cadastrado, que tenha respeitado o intervalo mínimo entre duas jornadas de trabalho de 11 horas, estando, então, autorizada a escalação de TPA registrado e sucessivamente de cadastrado, que tenha observado o intervalo mínimo de 6 horas consecutivas entre duas jornadas de trabalho.

Na mesma linha, o intervalo intrajornada do trabalhador portuário avulso segue a regra celetista, de 1 hora, para jornadas superiores a 6 horas, ou de 15 minutos, para jornadas superiores a 4 horas indo até 6 horas.

Uma vez mais com regulação mais benéfica do que a da Lei n. 4.860/65, cujo art. 7º, § 2º prevê o trabalho obrigatório, desde que requisitado, no intervalo intrajornada.

Em resumo, a jornada do trabalhador portuário avulso é regulada, essencialmente, pela CLT e pela Constituição Federal de 1988, complementadas pelas normas coletivas, como no caso do empregado.

Vale observar, outrossim, que as jornadas dos trabalhadores portuários avulsos costumam ser de 6 horas, em 4 turnos diários: das 7h às 13h, das 13h às 19h, das 19h à 1h ou da 1h às 7h, um grupo de trabalhadores sendo escalado pelo OGMO para cada turno.

Uma vez desrespeitada esta jornada legal, seja pela dobra, seja pela retomada do labor após 6 horas de intervalo ou, ainda, pela jornada contínua, sem intervalo intrajornada, surge o direito às horas extras, pela dobra ou pela supressão ou redução do intervalo intrajornada ou interjornada, a serem remunerados com o adicional de horas extras, conforme jurisprudência sedimentada sobre o tema.

8.2. Motorista transportador de cargas

O motorista profissional que atua no transporte de cargas como autônomo constitui categoria que suscita alguma cizânia, em razão de peculiariedades.

Nesse sentido, até mesmo a competência da Justiça do Trabalho é objeto de controvérsia, como se analisará a seguir.

8.2.1. Competência da Justiça do Trabalho

A competência da Justiça do Trabalho para julgar lides de motoristas transportadores autônomos de cargas nunca despertou maiores problemas, até o advento da Lei n. 11.442/07, que afasta, de maneira peremptória, a possibilidade de vínculo empregatício dessa categoria.

Desde então, surgiu controvérsia acerca do juízo competente para julgar as ações que envolvam tal categoria, em razão, justamente, da mencionada disposição legal.

O STF veio a se pronunciar sobre o tema, no bojo do ADC n. 48, em decisão de 16 de abril de 2020, cuja ementa é a seguinte:

> Ementa: DIREITO DO TRABALHO. AÇÃO DECLARATÓRIA DA CONSTITUCIONALIDADE E AÇÃO DIRETA DE INCONSTITUCIONALIDADE. TRANSPORTE RODOVIÁRIO DE CARGAS. LEI N. 11.442/2007, QUE PREVIU A TERCEIRIZAÇÃO DA ATIVIDADE-FIM. VÍNCULO MERAMENTE COMERCIAL. NÃO CONFIGURAÇÃO DE RELAÇÃO DE EMPREGO.
>
> 1. A Lei n. 11.442/2007
>
> (i) regulamentou a contratação de transportadores autônomos de carga por proprietários de carga e por empresas transportadoras de carga;
>
> (ii) autorizou a terceirização da atividade-fim pelas empresas transportadoras; e
>
> (iii) afastou a configuração de vínculo de emprego nessa hipótese.
>
> 2. É legítima a terceirização das atividades-fim de uma empresa. Como já foi decidido pelo Supremo Tribunal Federal, a Constituição não impõe uma única forma de estruturar a produção. Ao contrário, o princípio constitucional da livre-iniciativa garante aos agentes econômicos liberdade para eleger suas estratégias empresariais dentro do marco vigente (CF/1988, art. 170). A proteção constitucional ao trabalho não impõe que toda e qualquer prestação remunerada de serviços configure relação de emprego (CF/1988, art. 7º). Precedente: ADPF n. 524, rel. Min. Luís Roberto Barroso.
>
> 3. Não há inconstitucionalidade no prazo prescricional de 1 (um) ano, a contar da ciência do dano, para a propositura de ação de reparação de danos, prevista no art. 18 da Lei n. 11.442/2007, à luz do art. 7º, XXIX, CF, uma vez que não se trata de relação de trabalho, mas de relação comercial.

4. Procedência da ação declaratória da constitucionalidade e improcedência da ação direta de inconstitucionalidade. Tese:

"1 – A Lei n. 11.442/2007 é constitucional, uma vez que a Constituição não veda a terceirização, de atividade-meio ou fim.

2 – O prazo prescricional estabelecido no art. 18 da Lei n. 11.442/2007 é válido porque não se trata de créditos resultantes de relação de trabalho, mas de relação comercial, não incidindo na hipótese o art. 7º, XXIX, CF.

3 – Uma vez preenchidos os requisitos dispostos na Lei n. 11.442/2007, estará configurada a relação comercial de natureza civil e afastada a configuração de vínculo trabalhista".

A conclusão, por conseguinte, é idêntica à da decisão da Corte Suprema acerca da competência para julgar lides do representante comercial, a saber: caso se postulem unicamente parcelas típicas desses trabalhadores autônomos — representante ou transportador de cargas —, a competência será da Justiça Comum; todavia, caso a lide veicule pleito de reconhecimento de vínculo empregatício e consectários legais, a competência será da Justiça do Trabalho.

Tal possibilidade existe em função da aplicação da técnica do *distinguishing*, a saber: pela distinção do caso concreto, no qual se pretende o reconhecimento do vínculo empregatício, do mencionado precedente do STF, que versa sobre uma relação tipicamente comercial, ou seja, desprovida dos requisitos do liame de emprego, somente para a qual a competência foi fixada para a Justiça Comum.

8.2.2. Reconhecimento do vínculo empregatício

Outrossim, da mesma forma que se concluiu, acima, no tocante à questão da competência, o tema do reconhecimento do vínculo empregatício continua a depender do exame tradicional, pois se pode apontar, de forma segura, que, mesmo após o mencionado precedente do STF, sempre que se discutir, judicialmente, a espécie de liame que vincule o transportador de cargas ao seu tomador de serviços, será necessário se valer dos parâmetros clássicos.

Nesse sentido, não haverá uma exclusão apriorística do vínculo empregatício pela mera previsão formal da Lei n. 11.442/2007, mas meramente se, no curso da instrução processual — realizada na Justiça do Trabalho, repise-se —, não restarem configurados os seus requisitos é que a relação de trabalho não se revestirá da forma empregatícia.

Entretanto, quando preenchidos esses requisitos, especialmente a subordinação, elemento distintivo essencial das duas modalidades de prestação de serviços, será perfeitamente admissível o reconhecimento do vínculo empregatício, na Especializada Trabalhista, do transportador autônomo de cargas.

Pertinente apontar jurisprudência recente do TST sobre o tema, ao examinar os requisitos do vínculo empregatício de trabalhador formalmente prestando serviços como transportador autônomo de cargas, cuja conclusão foi a seguinte:

> Desse modo, em que pese o posicionamento firmado pelo STF ao julgamento da ADPF n. 324 e dos Recursos Extraordinários ns. 958.252 e 791.932 (Tema n. 725 de repercussão geral), no sentido de que *"é lícita a terceirização ou qualquer outra forma de divisão do trabalho entre pessoas jurídicas distintas, independentemente do objeto social das empresas envolvidas, mantida a responsabilidade subsidiária da empresa contratante"* verifico, na espécie, distinção fático-jurídica (*distinguishing*) em relação à referida tese, uma vez que o reconhecimento do vínculo de emprego não resultou apenas do labor do autor em atividade-fim do tomador dos serviços.
>
> Ao revés, decorreu da comprovação dos requisitos legais configuradores da relação de emprego, nos expressos termos do art. 3º da CLT, haja vista que, conforme se extrai do acórdão regional, o reclamante se ativou efetivamente como empregado do tomador dos serviços, submetendo-se diretamente a suas ordens.
>
> Em respaldo a esse entendimento, cito julgados desta Primeira Turma, tendo um deles como tomador de serviços a ora agravante:
>
> "AGRAVO. AGRAVO DE INSTRUMENTO EM RECURSO DE REVISTA. VIGÊNCIA DA LEI N. 13.467/2017. **TERCEIRIZAÇÃO ILÍCITA. INAPLICABILIDADE DA TESE FIXADA PELO SUPREMO TRIBUNAL FEDERAL NA ADPF N. 324 E NOS RECURSOS EXTRAORDINÁRIOS NS. 925.252 E 791.932. *"DISTINGUISHING"*. RECONHECIMENTO DO VÍNCULO DE EMPREGO. SUBORDINAÇÃO DIRETA À EMPRESA TOMADORA DE SERVIÇOS.** TRANSPORTE DE CARGA E DESCARGA. CONTRATO COMERCIAL. NÃO CONFIGURAÇÃO. NÃO APLICAÇÃO DA TESE FIXADA PELO STF NA ADC N. 48. TRANSCENDÊNCIA JURÍDICA RECONHECIDA. 1. A despeito do entendimento firmado pelo Supremo Tribunal Federal, por ocasião do julgamento da ADPF n. 324, do RE n. 958.252 e do RE n. 791.932, com repercussão geral reconhecida, no sentido de ser lícita a terceirização de serviços entre pessoas jurídicas distintas, independentemente da natureza das atividades contratadas, a hipótese dos autos revela distinção fático-jurídica "distinguishing" em relação às teses jurídicas ali fixadas, uma vez que o reconhecimento da ilicitude da terceirização não resultou apenas da prestação de serviços em atividade finalística da recorrente, mas, também, da existência de fraude considerando haver sido comprovada a existência dos elementos característicos do vínculo de emprego, **principalmente a subordinação jurídica direta** do autor à empresa tomadora dos serviços . 2. Outrossim, não há como se aplicar à hipótese a tese fixada pelo STF na ADC 48 no sentido de que: "1 – A Lei n. 11.442/2007 é constitucional, uma vez que a Constituição não veda a terceirização, de atividade-meio ou fim. 2 – O prazo prescricional estabelecido no art. 18 da Lei n. 11.442/2007 é válido porque não se trata de créditos resultantes de relação de trabalho, mas de relação comercial, não incidindo na hipótese o art. 7º, XXIX, CF. 3 – Uma vez preenchidos os requisitos dispostos na Lei n. 11.442/2007, estará configurada a relação comercial de natureza civil e afastada a configuração de vínculo trabalhista", uma vez que o Tribunal Regional do Trabalho, valorando fatos e provas, insuscetível de reexame nesta

fase recursal, nos termos da Súmula n. 126 do TST, firmou convencimento de que "não estão preenchidos os requisitos previstos pela Lei n. 11.442/07". Agravo a que se nega provimento". (Ag-AIRR-1000249-63.2017.5.02.0710, 1ª Turma, relator Ministro Amaury Rodrigues Pinto Junior, *DEJT* 20.5.2022)

(...)

"AGRAVO DE INSTRUMENTO EM RECURSO DE REVISTA. INTERPOSIÇÃO ANTERIOR À VIGÊNCIA DA LEI N. 13.015/2014. TERCEIRIZAÇÃO. LICITUDE. EXISTÊNCIA DE SUBORDINAÇÃO DIRETA AO TOMADOR DOS SERVIÇOS. **Conquanto a Suprema Corte tenha fixado o entendimento de que a licitude da terceirização independe da atividade executada pelo empregado ou, ainda, do objeto social da empresa (Tema n. 725 da Repercussão Geral e ADPF n. 324), não há como reconhecer a validade da contratação quando presentes os requisitos da relação de emprego, previstos nos arts. 2º e 3º da CLT, notadamente a subordinação direta ao tomador dos serviços. E esta é exatamente a situação vivenciada nos autos, visto que o Regional expressamente menciona que a prova oral — preposto da empresa — confirmou a existência de subordinação direta do reclamante à AMBEV, empresa tomadora dos serviços. Referida peculiaridade é suficiente para a utilização da técnica da distinção, também conhecida como *distinguishing*, e, por conseguinte, para a não aplicação do Precedente fixado pelo STF, o qual examinou a licitude da terceirização apenas sob o enfoque das atividades desenvolvidas pela empresa contratante. Assim, reitere-se, reconhecida a fraude na contratação, não pela atividade desenvolvida pelo reclamante, mas pela existência dos elementos caracterizadores do vínculo de emprego diretamente com a empresa tomadora dos serviços — arts. 2º e 3º da CLT —, não há falar-se em licitude da terceirização.** (...)." (AIRR-847-07.2011.5.03.0002, 1ª Turma, relator Ministro Luiz José Dezena da Silva, *DEJT* 10.5.2019)

Por fim, destaco ser inovatória a alegação da parte quanto à aplicação da Lei n. 11.442/2007, visto que não apresentada tal legislação no recurso de revista (interposto em 2016) e nem no agravo de instrumento (interposto em 2019), razão por que inviável a análise do que decidido pelo STF ao julgamento da ADC n. 48/DF.

Dessarte, há de ser mantida a decisão monocrática, uma vez que a parte não logrou afastar a conclusão nela adotada.[110]

Decorre naturalmente do julgado transcrito a possibilidade, mesmo após o precedente do STF, do reconhecimento do vínculo empregatício do transportador autônomo de cargas, na Justiça do Trabalho, desde que configurados os respectivos requisitos.

---

(110) BRASIL, Tribunal Superior do Trabalho (1ª Turma). *RR 633-06.2019.5.09.0863*. Decisão 7 dez. 2022, relator Hugo Carlos Scheuermann. Disponível em: <https://jurisprudencia-backend.tst.jus.br/rest/documentos/9b36f5a1eab9bf0d2fb71221c3c98c25>. Acesso em: 1º jan. 2023.

8.3. Trabalhador rural

O trabalhador rural, se enquadrado como empregado, possui alguns direitos idênticos aos dos urbanos, conforme previsão constitucional (art. 7º da CF/88).

Além disso, é dotado de alguns direitos específicos, previstos pela sua lei regulamentadora (5.889/73).

Consiste, portanto, em tarefa fundamental a identificação da forma exata como o rurícola presta seus serviços: sob liame empregatício, com direito às garantias dos dois dispositivos normativos citados; ou de forma autônoma, desprovido desses direitos.

Ainda que, de forma geral, os parâmetros para elucidação do tema sejam os mesmos do trabalhador urbano, por meio da identificação da presença ou ausência dos requisitos do vínculo empregatício, no caso do rurícola há algumas particularidades a serem consideradas.

Uma delas concerne à forte presença de figura jurídica peculiar: a parceria, que, para ser verdadeira, deve assegurar ao trabalhador rural efetiva autonomia na exploração do seu terreno, sem vinculação às diretrizes do proprietário da fazenda onde essa terra se encontre.

Ademais, existe a necessidade de aferição precisa da validade ou intuito fraudatório quando da utilização de mecanismos jurídicos de intermediação, como as cooperativas rurais, que podem, evidentemente, constituir reais instrumentos de prestação de serviços de forma mais solidária entre os rurícolas, mas que podem, em outras situações, ser meros simulacros, para escamotear o liame empregatício.

Pertinente, nesse sentido, mencionar decisão recente do Tribunal Regional do Trabalho da 23ª Região, que reconheceu o vínculo empregatício de um trabalhador rural, como se depreende do trecho a seguir transcrito:

> O réu se insurge contra a sentença que julgou procedente o pedido de reconhecimento do vínculo de emprego, aduzindo que foram produzidas provas hábeis a demonstrar o contrato por empreitada, inibindo a presunção de que o autor era empregado.
>
> Pois bem.
>
> Na petição inicial, o autor alegou que foi contratado de forma verbal em 10.4.1994, na função de trabalhador rural, mediante o pagamento de dois salários mínimos mensais, dispensado sem justa causa em 14.11.2018, bem assim que o contrato de trabalho não foi anotado em CTPS.

Na contestação, o réu negou o vínculo de emprego, esclarecendo que firmou contrato de comodato por meio do qual concedeu ao autor um imóvel em sua fazenda no período de 2.3.2003 a 14.9.2018 (Id 910eaa3), que o autor se valia da propriedade para criar seu próprio gado, o qual era comercializado e fornecia matéria-prima para a fabricação de queijos, sempre em benefício próprio e de sua família. Afirmou, ainda, que eventualmente, o autor era contratado para ajudar na fazendo do reclamado, mas nestas ocasiões era contratado por empreitada.

O autor impugnou os documentos juntados com a defesa, por ausência de requisitos formais e por não condizerem com a realidade fática, afirmando que os mesmos foram forjados com o escopo de macular a relação empregatícia, aduzindo ser pessoa não alfabetizada, que apenas sabe assinar o próprio nome, desconhecendo o conteúdo dos documentos que assinou.

Havendo reconhecimento da prestação de serviços do trabalhador, a jurisprudência tem entendimento firmado de que se presume a existência de relação de emprego, porquanto forma ordinária de contratação de mão de obra, cabendo ao tomador dos serviços provar o contrário, visto que o ordinário se presume e o extraordinário se prova, conforme máxima de Malatesta.

Nesse passo, consigno que a relação de emprego depende da presença concomitante de determinados pressupostos fático-jurídicos constantes da CLT, sobre os quais leciona Mauricio Godinho Delgado:

> ... a) prestação de trabalho por pessoa física a um tomador qualquer; b) prestação efetuada com pessoalidade pelo trabalhador; c) também efetuada com não eventualidade; d) efetuada ainda sob subordinação ao tomador dos serviços; e) prestação de trabalho efetuada com onerosidade... (*Curso de Direito do Trabalho*, 3. ed. São Paulo: LTr, 2004. p. 290)

Observo dos autos que além do aludido contrato de comodato, foi juntado um recibo acompanhado por termo de declaração por meio do qual o autor reconhece que no período em que residiu no imóvel trabalhou para o réu apenas de forma eventual e mediante contrato de empreitada, sem vínculo de emprego, declarando ainda ter recebido do réu 48 cabeças de gado bovino a título de pagamento pelas empreitadas realizadas, além de um imóvel no importe de R$ 140.000,00 que se encontrava hipotecado e que seria transferido ao autor tão logo fosse quitada a hipoteca, e dando quitação a qualquer dívida do réu para com autor, inclusive as trabalhistas.

Sublinho, inicialmente, que no Direito do Trabalho vigora o princípio da primazia da realidade sobre a forma, também denominado de princípio do contrato realidade, segundo o qual a realidade dos fatos se sobrepõe sobre o constante nos documentos. Desse modo, o nome dado pelas partes à arregimentação não se sobrepõe sobre a realidade fática e não afasta a existência do vínculo de emprego quando observada a presença dos requisitos que caracterizam o liame empregatício.

Cabe registrar, ainda, que a realização de outras atividades econômicas pelo trabalhador na propriedade, a exemplo da criação e comercialização de gado próprio, produção de leite e fabricação de queijos, não impede o reconhecimento do vínculo empregatício, já que a exclusividade não se constitui em requisito de constituição da aludida espécie contratual.

Assim, admitida pelo réu a prestação de serviços pelo autor, àquele tocava comprovar a ausência dos pressupostos da relação de emprego, cabendo perquirir se de tal ônus se desincumbiu.

Nesse passo, colho da prova produzida em audiência:

(...)

Veja-se que a única testemunha ouvida nos autos informou que por dois anos o réu arrendou as pastagens da fazenda na qual trabalhava, bem assim que naquela época era o autor quem cuidava do rebanho de 1.000 a 1.500 cabeças de gado pertencente ao reclamado, o qual foi colocado na fazenda arrendada, bem assim que o reclamante era auxiliado apenas no período de vacinação quando então era contratada outra pessoa como diarista.

Assim, não subsiste a assertiva do réu de que o autor era contratado apenas por empreitada, na medida em que a solitária testemunha ouvida foi incisiva ao esclarecer que era o autor quem cuidava do rebanho do réu, sendo auxiliado por outro trabalhador apenas no período da vacinação dos semoventes.

Nota-se que o próprio reclamado confessou em interrogatório que jamais anotou em CTPS a contratação de qualquer empregado da fazenda, denotando cultura empresarial de não formalizar a contratação de seus empregados, não se mostrando crível que a criação de gado empreendida não possuísse um único trabalhador permanente incumbido do cuidado diário dos animais.

Assim, a testemunhal não corrobora a narrativa da defesa, mas ao contrário disso, que o autor se ativava para o réu em caráter permanente, cuidando da criação de gado.

Quanto à data da admissão, o réu disse não saber quando foi que o autor passou a trabalhar na fazenda o que impõe reconhecer que se deu na data indicada na petição inicial, qual seja, 10/4/1994. Esclareço que o contrato de comodato juntado aos autos sinaliza que a formalização do comodato se deu em 2003, não havendo, todavia, óbice para o reconhecimento da relação de emprego em período preexistente, especialmente quando o próprio reclamado não se lembra quando se deu a admissão do autor.

No tocante ao salário, o réu não impugnou o importe indicado pelo autor na petição inicial, limitando-se a sustentar que a prestação laboral se dava por empreitada, de modo que ausente impugnação específica quanto ao valor do salário mensal pactuado, restando incontroverso o ajuste de dois salários mínimos mensais, além do que não produzida nenhuma prova em contrário, ônus que competia ao réu, nos termos dos arts. 29 e 464 da CLT.

Desse modo, por escorreita a sentença, mantenho-a inalterada.

Nego provimento.[111]

---

(111) BRASIL, Tribunal Regional do Trabalho da 23ª Região (2ª Turma). *Processo n. 0000442-37.2020.5.23.0086*. Decisão 24 mar. 2022, relator Aguimar Peixoto. Disponível em: <https://portal.trt23.jus.br/portal/sites/portal/files/groups/comunicacao/2a_turma_vinculo_rural_reconhece_-_aguimar.pdf>. Acesso em: 10 jan. 2023.

Conclui-se, por conseguinte, que a forma eventualmente adotada para evitar a configuração do vínculo empregatício, como a celebração de contrato de empreitada — ou algum similar, como o de parceria ou mesmo de uma instituição intermediadora, como uma cooperativa rural —, é insuficiente para afastá-lo, pois a busca da verdade real, que norteia a atividade juslaboral, prevalece, levando-se à constituição do liame de emprego, quando presentes seus requisitos (especialmente a subordinação).

8.4. Trabalhador doméstico

O trabalhador doméstico constitui uma categoria historicamente objeto de um inadmissível ranço de preconceito no Brasil, por ser considerado como pouco qualificado e, em decorrência, não merecedor de direitos.

Felizmente, tal visão preconceituosa foi, paulatinamente, sendo superada, atingindo-se um grau inarredável de dignidade, por meio da equiparação de direitos com o empregado ordinário.

Convém, desse modo, examinar detidamente a questão do vínculo empregatício do trabalhador doméstico.

8.4.1. Uma gradativa aquisição de direitos

O trabalhador doméstico viveu uma lenta e gradativa regulamentação da sua relação de trabalho no Brasil.

Inicialmente excluído do regime celetista (conforme previsão do art. 7º, a da CLT), somente por meio da Lei n. 5.859/72 o empregado doméstico passou a ter um arcabouço organizado de direitos reconhecidos em nosso país. Ainda assim, bastante sucinto, o que era, evidentemente, insuficiente.

Muito embora a Carta Magna de 1988 tenha estendido ao doméstico alguns dos direitos fundamentais previstos aos empregados urbanos e rurais — conforme rol do parágrafo único do art. 7º da CF/88 —, persistia o problema do rol incompleto de garantias.

Passou-se, então, a perceber um movimento, em período mais recente, de incremento dos seus direitos, até a esperada e tardia consolidação destes, decorrente do advento da Lei Complementar 150, de 2015, que revogou a antiga Lei n. 5.859/72.

Somente então o empregado doméstico passou a ter efetiva equiparação com o empregado ordinário, pois lhe foram estendidos todos os direitos deste, inclusive ao FGTS — que, até esse momento, era meramente facultativo para o doméstico.

Torna-se, portanto, essencial a precisa apreensão dos trabalhadores domésticos que se encaixam no regime do vínculo empregatício, fazendo jus aos direitos previstos pelas normas apontadas acima.

Para o doméstico tradicional, que se ocupa dos afazeres típicos como cozimento de alimentos ou limpeza da cada, a questão foi simplificada pela própria Lei Compelentar 150/15, cujo art. 1º prevê o seguinte:

> Art. 1º Ao empregado doméstico, assim considerado aquele que presta serviços de forma contínua, subordinada, onerosa e pessoal e de finalidade não lucrativa à pessoa ou à família, no âmbito residencial destas, por mais de 2 (dois) dias por semana, aplica-se o disposto nesta Lei.

Trata-se, por conseguinte, de questão de simples solução para a questão da habitualidade: será considerado como empregado doméstico aquele que preencher os requisitos do vínculo empregatício, com destaque para a continuidade — distinta da não eventualidade do empregado comum —, que se caracteriza pela presença em mais de dois dias da semana para prestação de serviços.

A subordinação, nesse caso, como para as outras profissões, é igualmente fundamental, devendo ser aferida em cada caso concreto. Inclusive para eventuais prestadores de serviços autônomos, por meio de empresas de limpeza ou demais serviços domésticos, pois na hipótese de se configurarem continuidade, pessoalidade e subordinação direta ao tomador dos serviços — a onesoridade sendo incontroversa —, é perfeitamente admissível a configuração do liame de emprego entre as partes.

8.4.2. A situação do cuidador de idosos

Questão particularmente instigante, no tocante ao vínculo empregatício do empregado doméstico, concerne a uma categoria que vem ganhando relevância nos últimos tempos: o cuidador de idosos.

Inicialmente, é conveniente destacar que o cuidador de idosos, ainda que possua formação de enfermeiro ou de técnico de enfermagem — como habitualmente ocorre, na prática —, poderá ser enquadrado como doméstico, por preencher os respectivos requisitos, destacados no já transcrito art. 1º da LC n. 150/2015, a saber: prestação de serviços de forma contínua, subordinada, onerosa e pessoal, de finalidade não lucrativa, à pessoa ou à família, no âmbito residencial destas.

O que não impede, evidentemente, a celebração de contrato de trabalho de natureza ordinária com esses profissionais específicos — o enfermeiro e o técnico de enfermagem —, sem a especificidade doméstica. Todavia, a hipótese oposta é igualmente admissível, juridicamente.

Uma vez fixada tal premissa, torna-se essencial analisar o delicado tema da caracterização do liame empregatício entre cuidador de idosos e a pessoa ou a família que tomam seus serviços.

Novamente convém recordar que, mesmo no caso de intermediação dessa mão de obra por empresa terceirizada, de fornecimento de serviços de cuidadores de idosos, será possível a configuração do vinculo empregatício diretamente com a família, desde que presentes os respectivos requisitos, sobretudo a subordinação direta.

Passando-se a uma abordagem mais corriqueira, da relação direta entre cuidador de idosos e pessoa ou família que recebe seus serviços, o mesmo se aplica: devem ser aferidas as reais condições de prestação de serviços, a saber: onerosidade, incontroversa; pessoalidade, identificável pela impossibilidade de substituição do cuidador; continuidade, que retomará, nesse caso, a regra específica do doméstico, de ao menos três visitas semanais à residência; subordinação, presente quando houver o enquadramento e o controle do labor prestado, o que quase sempre ocorrerá, dada a proximidade da relação.

Bastante elucidativo é um recente julgado do Tribunal Superior do Trabalho acerca do tema, como se observa pelo respectivo trecho, a seguir transcrito:

> 2.1 – VÍNCULO DE EMPREGO. DATA DE ADMISSÃO
>
> (...)
>
> Passo ao exame.
>
> O contrato laboral nasce da realidade vivenciada pelas partes (Mario de La Cueva[1]), independentemente da denominação que a ele tenha sido dada ou a qualificação emprestada ao trabalhador.
>
> Desse modo, a presença dos pressupostos do vínculo de emprego decorre da aplicação do princípio primazia da realidade.
>
> <u>No caso concreto, a prestação laboral consistiu em cuidados à pessoa idosa, tendo por pressuposto experiência e aptidão profissional, atributos determinantes da contratação da autora pela segunda demanda para cuidar do genitor e, nesse contexto, comprovada a pessoalidade e continuidade</u> , como evidenciam as declarações da preposta, à f 207, ao afirmar:

1. Que foi a depoente, juntamente com seu irmão Dr. Joaquim, quem contratou a reclamante; 2. Que o combinado foi salário mensal de R$ 1.300,00, para uma jornada de segunda a sexta-feira das 19h00 às 07h00 do dia seguinte; 4. Que a reclamante não trabalhava o dia inteiro, tendo situações em que fazia plantão extra com pagamento em separado.

A exclusividade não é pressuposto da relação de emprego. Por conseguinte, o fato da autora trabalhar hospital não constitui impedimento à caracterização do vínculo empregatício, bastando que não houvesse incompatibilidade de horário, sequer alegada.

Contrariamente ao que sustentado, a mera troca de turnos entre a autora e a outra cuidadora para atender interesses pessoais não exterioriza autonomia na prestação de serviços, porquanto ambas estavam aptas a propiciar os cuidados à pessoa idosa, e esse procedimento era autorizado pela segunda demandada porquanto não acarretava prejuízos à atividade e a bem da verdade existia com aquela pessoa outro contrato de trabalho, o que, aliás, é bastante comum no tipo de labor que era prestado pela trabalhadora.

O registro das atividades pela autora mediante uso de termos técnicos não consubstancia autonomia na prestação de serviços, porquanto constitui mera expressão de conhecimento do tipo de trabalho por ela prestado que por sinal facilitava acompanhar a rotina dos cuidados pessoais proporcionados a genitor da acionada, o que contrariamente ao defendido, evidencia sujeição da autora poder diretivo da contratante.

Ademais, a segunda demandada fiscalizava diretamente o labor prestado pela autora como cuidadora, independentemente de habitar na mesma residência do genitor, especialmente porque o cuidado se trata de "pessoa doente, inclusive interditado", portador de Alzheimer e AVC" (defesa, f. 162).

A emissão de notas de serviço pela autora materializa aparente prestação de serviço por empresa, porquanto incontroversa idêntica função de cuidadora exercida anteriormente à formalização do contrato de trabalho, aplicando o princípio da primazia da realidade.

Portanto, presentes os pressupostos fáticos descritos no art. 1º da Lei n. 5.859/1972 em vigor ao tempo da contratação e no art. 1º da Lei Complementar n. 150/2015, correta a sentença ao reconhecer vínculo de emprego entre as partes, inclusive no período de 13.3.2015 a 30.11.2015, nos quais emitidas notas fiscais de prestação de serviço por suposta empresa, que no plano da realidade não existia, pois o labor era prestado pessoalmente pela autora sob as ordens da contratante.(112)

Trata-se, assim, de relevante precedente, por fixar uma clara diretriz: sempre que presente a subordinação, aliada aos demais requisitos do liame empregatício do cuidador de idosos, ele será reconhecido, ainda que haja um obstáculo formal inicial, como a pessoa jurídica na intermediação — meramente fraudulenta —

(112) BRASIL. Tribunal Superior do Trabalho (7ª Turma). *Ag-AIRR – 25293-10.2016.5.24.0004*. Decisão 15 jun. 2022. Relator Cláudio Mascarenhas Brandão. Disponível em: <https://jurisprudencia-backend.tst.jus.br/rest/documentos/c12fb43fb41b856eb19824848e5ec3>. Acesso em: 5 jan. 2023.

dessa relação, a emissão de notas fiscais ou o conhecimento técnico do cuidador, formando-se o vínculo diretamente com a pessoa ou a família tomadoras dos seus serviços.

8.5. Trabalhador de salão de beleza

O trabalhador de salão de beleza, qualquer que seja a sua função — cabeleireiro, barbeiro, maquiador, manicure, pedicure, esteticista ou depilador — que atua com atividades de higiene e embelezamento capilar, estético, facial e corporal dos clientes, possui uma exclusão, apriorística, do seu vínculo empregatício.

Trata-se da previsão, pelo art. 1º-A da Lei n. 12.592/12 — inserido pela Lei n. 13.352/16 —, de celebração de contrato de parceria entre o salão de beleza e o profissional, afastando-se, assim, o vínculo empregatício, conforme estipulado expressamente pelo § 11 deste artigo, *verbis*:

> § 11. O profissional-parceiro não terá relação de emprego ou de sociedade com o salão-parceiro enquanto perdurar a relação de parceria tratada nesta Lei.
>
> Todavia, essa exclusão não é absoluta, já que a própria norma regulamentadora prevê a possibilidade de reconhecimento do liame empregatício, desde que descumpridos os requisitos da parceria mencionada, conforme disposto pelo art. 1º-C da Lei n. 12.592/12:
>
> Art. 1º-C. Configurar-se-á vínculo empregatício entre a pessoa jurídica do salão-parceiro e o profissional-parceiro quando:
>
> I – não existir contrato de parceria formalizado na forma descrita nesta Lei; e
>
> II – o profissional-parceiro desempenhar funções diferentes das descritas no contrato de parceria.

Ainda que o artigo transcrito faça menção limitada à inexistência do contrato de parceria ou ao desempenho de funções distintas das previstas nesse contrato, fato é que será possivel, ainda, a configuração do vínculo empregatício entre o trabalhador e o salão de beleza em outras hipóteses.

Notadamente quando caracterizada prática fraudulenta na celebração do contrato de parceria, a saber: mediante exame pormenorizado das reais condições de prestação de serviços, aferir-se que o trabalhador não possui efetiva autonomia na sua prestação de serviços, estando completamente vinculado ao salão de beleza, no que tange a questões essenciais da sua atividade, como a fixação do valor dos serviços ou a fixação dos atendimentos dos clientes na agenda.

Desse modo, estará configurada a subordinação jurídica do trabalhador ao salão de beleza, bastando a presença dos demais requisitos (onerosidade e pessoalidade, sempre presentes; não eventualidade, quase sempre presente) para constituição do vínculo empregatício.

Nesse sentido, justamente, o seguinte julgado do Tribunal Superior do Trabalho, cujo excerto seguinte bem elucida a questão:

> Na exordial a reclamante afirma que foi admitida em setembro/2017 para a função de manicure; recebia em média o valor de R$ 2.000,00 mensais, tendo sido demitida, sem justa causa, em setembro/2018. Ressalta que era obrigada a cumprir jornada de trabalho semanal de 6 dias, das 8h às 19h; e obedecia as ordens e os comandos da Empregadora, sendo obrigada a usar farda. Assim, pede a condenação da ré no pagamento das verbas rescisórias; anotação na CTPS; horas extras; multas normativas; e demais verbas decorrentes do vínculo empregatício.
>
> O reclamado admite a prestação dos serviços, alegando que se trata de contrato de parceria e não de vínculo empregatício. Assim, pela disposição da norma processual que disciplina a distribuição do ônus da prova, cabe ao demandado demonstrar a veracidade dos fatos impeditivos por articulados (art. 818 da CLT e 373 do CPC).
>
> A prova oral foi assim produzida:
>
> (...)
>
> Como se verifica, em face do que foi dito nos excertos acima destacado, os depoimentos são colidentes, mormente quanto à autonomia em relação ao material de trabalho, uma vez que as testemunhas apresentadas pela reclamante afirmam que, sequer poderiam levar os próprios materiais para casa. Ocorre que, nesse caso, tem-se que ônus da prova não foi desvencilhado a contento e a questão resolve-se em desfavor de quem detinha esse ônus processual a teor do art. 818 da CLT e 373 do CPC.
>
> (...)
>
> Não bastasse, verifica-se, ainda, que o demandado não formalizou o contrato de parceira, conforme dispõe a lei n. 12.592, de 18 de janeiro 2012, com a alteração trazida pela Lei n. 13.352 de 27 de outubro de 2016, *verbis*:
>
> (...)
>
> Como se verifica, os depoimentos colidentes, no aspecto, em face do que foi dito nos excertos acima destacado, principalmente quanto as faltas e atendimento fora do salão. Ocorre que, nesse caso, tem-se que ônus da prova não foi desvencilhado a contento e a questão resolve-se em desfavor de quem detinha esse ônus processual a teor do art. 818 da CLT e 373 do CPC.
>
> (...)
>
> Ressalto que a cópia da ata notarial, por meio da qual o demandado pretende que seja reconhecido que a primeira testemunha, Sra. Tayná da Silva Teixeira, procedeu com falso

testemunho (fl. 221), não revela que o depoimento dela possui declarações conflitantes/ incompatíveis com o que lá está descrito. Ressalto, em ralação à ausência de cobrança de cadastro no MEI, que foi apresentada uma conversa para comparecimento ao contador em novembro de 2018, enquanto que a testemunha trabalhou para o demandado no período de maio de 2018 a março de 2019, sem o referido cadastro. Ou seja, de fato, era permitido pela ré o trabalho sem o referido cadastro.

De fato, verifica-se, que o demandado não formalizou o contrato de parceira, conforme dispõe a Lei n. 12.592, de 18 de janeiro 2012, com a alteração trazida pela Lei n. 13.352 de 27 de outubro de 2016, *verbis*:

(...)

Ressalto que as alterações da Lei n. 13.352 de 27 de outubro de 2016, entraram em vigor antes do início do labor da reclamante para o réu.

Diante dessas constatações — de que a ré não se desvencilhou do ônus da prova de que o trabalho era autônomo, aliado ao fato de que não apresentou o contrato de parceria consoante exigência da lei especifica —, dou provimento ao recurso para declarar a existência de vínculo empregatício da autora com o demandado no período de 1º.9.2017 a 30.9.2018, na função de manicure, recebendo por comissão, no valor dos recibos acostados aos autos — na falta de algum mês, considerar o valor de R$ 2.000,00 (dois mil reais).'

Do confronto entre os fundamentos expendidos e as razões recursais apresentadas pela parte recorrente, não vislumbro as violações apontadas, pois o Regional decidiu as questões veiculadas no presente apelo com base no conjunto probatório colacionado nos autos e de acordo com a legislação pertinente à espécie, consistindo o seu insurgimento, quando muito, em interpretação diversa daquela conferida pela Turma. Por outro lado, melhor sorte não teria a parte recorrente em sua pretensão de ser recebida a Revista por divergência jurisprudencial, ora porque oriunda de Turma do TST, em desobediência à previsão do art. 896, *"a"*, da CLT; ora porque não traz as mesmas premissas fáticas da decisão recorrida, sendo inespecífica.(113)

Pertinente consignar que a decisão transcrita se baseou, essencialmente, na ausência de celebração do documento formal de parceria para reconhecer o vínculo empregatício entre a reclamante (manicure) e o salão de beleza, por consistir tal formalidade, como observado acima, em requisito efetivo para formalização do contrato de parceria.

Entretanto, ainda que o contrato de parceria tenha sido formalmente celebrado, será viável, juridicamente, a caracterização do vínculo empregatício entre o trabalhador e o salão de beleza, em respeito ao princípio trabalhista da primazia

(113) BRASIL. Tribunal Superior do Trabalho (6ª Turma). *Ag-AIRR – 307-28.2019.5.06.0411*. Decisão 24 nov. 2021. Relator Augusto César Leite de Carvalho. Disponível em: <https://jurisprudencia-backend.tst.jus.br/rest/documentos/eef6d2c88bc38c23cc7ba3fffd52961a>. Acesso em: 5 jan. 2023.

da realidade (art. 9º da CLT), desde que configurada a ausência de efetiva autonomia, além da presença dos demais requisitos do liame empregatício, aptos a afastar a presunção de parceria entre as partes.

8.6. Trabalhador de entidades religiosas

A configuração do vínculo empregatício de religiosos com entidades religiosas é um dos temas mais polêmicos e complexos das relações de trabalho brasileiras.

Constitui tarefa fundamental, por conseguinte, examinar detidamente os requisitos e elementos a serem considerados para efetiva caracterização do liame de emprego entre trabalhadores e igrejas no Brasil.

8.6.1. Funções tipicamente religiosas

A possibilidade de entidades religiosas, como igrejas, templos ou instituições de ensino confessionais celebrarem contrato de trabalho com seus prestadores de serviços é admitida de forma pacífica pela doutrina e jurisprudência trabalhistas.

Todavia, para parcela da doutrina e da jurisprudência, deve haver um enquadramento do trabalhador em funções que não constituam efetivos deveres religiosos puros, já que esses significam que o religioso estaria associado aos interesses da instituição, ao passo que, no contrato de trabalho, como em todo contrato, supõem-se interesses opostos ou no mínimo diversos.

A atividade tipicamente religiosa, em suma, seria um fim em si mesma, ou teria como fim bens transcendentais, totalmente distintos da onerosidade típica de um contrato de trabalho.

Mauricio Godinho Delgado admite, ainda, a hipótese da intenção do religioso, entendendo ser a pedra de toque para diferenciar, como em qualquer relação de índole benevolente (caridade, política, religiosa etc.), se existiu trabalho subordinado, de modo que cabe, então, perquirir se as parcelas recebidas possuem caráter de onerosidade ou graciosidade:

> Cabe em consequência, ao operador jurídico investigar a real índole, intenção, vontade com que o trabalhador ingressou na relação laborativa: se o fez com inquestionável intenção onerosa, não havendo

qualquer consistente justificativa para se inferir ânimo benevolente nessa vinculação, conclui-se pela presença do vínculo formado.(114)

Fazendo contraponto com tais posições, Vólia Bomfim Cassar aponta que onerosidade e *animus* ideológico ou religioso podem andar juntos no contrato de trabalho:

> O fato de um trabalhador aceitar o cargo de pastor por crença religiosa ou ideologia não afasta o vínculo de emprego, pois a lei não excepciona esta hipótese (...) O jornalista que aceita trabalho para um jornal ou editora pode fazê-lo por ideologia política (...) Nem todos trabalham apenas pelo dinheiro, mas principalmente pela ocupação. A paga é consequência destes trabalhos.(115)

Trata-se, portanto, de posições antagônicas acerca da eventual necessidade do ânimo oneroso como requisito para configuração do vínculo empregatício do trabalhador com a igreja.

Reginaldo Prandi, acerca dos novos agrupamentos religiosos, constata ainda que:

> seus pastores são empreendedores com baixa ou nula formação teológica, mas que devem demonstrar grande capacidade de atrair público e gerar dividendos para a igreja, de acordo com um *know-how* administrado empresarialmente pelos bispos, a igreja já estruturada como negócio. Pois é essa agressividade dos pastores que explica, em grande medida, o sucesso dessa religião; a expansão desse mercado depende muito do estilo da oferta, de sua propaganda e de sua linguagem.(116)

À mesma conclusão chega Roberto Fragale Filho:

> Verifica-se, portanto, que a expansão religiosa, em particular dos evangélicos, decorre de um processo de inserção mercadológica, o

(114) DELGADO, Mauricio Godinho. *Curso de Direito do Trabalho*. 19. ed., rev. e atual. São Paulo: LTr, 2020. p. 413.

(115) CASSAR, Vólia Bonfim. *Curso de Direito do Trabalho*. São Paulo: LTr, 2021, p. 203.

(116) PRANDI, Reginaldo. Religião paga: conversão e serviço. *Novos Estudos CEBRAP*, n. 45, jul. 1996, p. 66.

> qual transforma a fé em produto a ser adquirido em velhos cinemas, agora convertidos em templos religiosos. Assim, nesta competição por nichos de mercado, nada mais natural que tais igrejas apresentem uma organização interna empresarial, exigindo de seus pastores lucro e produtividade, além de oferecerem vantagens indiretas, tais como moradia, alimentação, seguro saúde, veículo e telefone celular. A própria carreira eclesiástica, em tais igrejas, ganha ares de ascensão funcional: obreiro, presbítero, pastor, bispo.(117)

No mesmo sentido, concluem Roberto Fragale Filho, Joaquim Leonel de Rezende Alvim, Tatiana Alves Soares e Carlos Eduardo Campos Ribeiro Miranda:

> Fundamentando essa percepção, notadamente dos pastores e seus assemelhados, encontra-se a lógica empreendedora das igrejas pentecostais, fruto de uma visão empresarial, que supera a lógica religiosa em muitos aspectos, tais como a diversificação e a propaganda dos serviços oferecidos (que são pagos), o caráter de ascensão funcional presente na carreira eclesiástica, além da exigência constante de lucro e produtividade, desacompanhada de qualquer formação teológica.
>
> A lógica empresarial, portanto, parece ser a grande justificativa para que os ministros de cultos, com ou sem termo de consagração, ultrapassem a visão religiosa e sintam-se como empregados dessa grande empresa da fé, instalada nesse competitivo e agressivo mercado religioso. Sentem-se lesados ao serem dispensados sem maiores explicações, após prestarem serviços por muito tempo à igreja. Ao que tudo indica, suas dispensas ligam-se à falta de produtividade lucrativa, quando, possivelmente, outro ministro de culto mais produtivo veio tomar o seu lugar.(118)

Fato é que não há, em diversas correntes religiosas recentes, o regime puro de confraternização e congregação que norteia as chamadas igrejas históricas ou tradicionais.

---

(117) FRAGALE FILHO, Roberto. Missionários, mercadores ou empregados da fé?. *Revista LTr*, n. 63-08, 1999, p. 1.057/1.058.

(118) FRAGALE FILHO, Roberto; ALVIM, Joaquim Leonel de Rezende; SOARES, Tatiana Alves; OLIVEIRA, Danielle Fernandes de. O vínculo empregatício dos pastores evangélicos: notas conclusivas. *Confluências*, v. 1, n. 1, abr. 2004, p. 38-39.

Assim, é perfeitamente possível o reconhecimento do vínculo de emprego do trabalhador que presta serviços em funções tipicamente religiosas, como de padre ou pastor, abandonando-se a antiga vinculação a uma intenção notoriamente onerosa como requisito específico, uma vez que todas as atividades remuneradas pela igreja se presumem como dotadas de tal intenção.

Deve haver, contudo, evidentemente, um labor que se apresente de forma subordinada, onerosa, não eventual e pessoal, condições que deverão ser aferidas, como nas demais funções — da entidade religiosa ou de outros tomadores de serviços —, em consonância com a realidade dos fatos, de cada caso concreto.

Nesse sentido é a lição dos autores já citados acima:

> Constatou-se, enfim, ao final da pesquisa, parecer estar-se diante de um empregado — o pastor — de uma igreja empresarial, que lhe solicita uma atuação mercantil na realização de uma atividade missionária.
>
> (...)
>
> O vínculo de emprego entre as partes é de uma clareza solar, estando presentes todos os requisitos necessários para caracterização do contrato de trabalho. O pagamento de salário é manifesto. A subordinação é flagrante, haja vista a vigilância permanente do pastor-chefe. A pessoalidade emerge da própria função exercida pelo reclamante.(119)

Por conseguinte, quando presentes os requisitos do liame empregatício, sobretudo a subordinação do religioso junto à sua igreja, decorrência natural será o reconhecimento desse vínculo empregatício entre as partes.

8.6.2. Jurisprudência sobre o tema

Como salientado acima, a jurisprudência trabalhista é pacífica no sentido de admitir tal configuração do vínculo empregatício entre religioso e entidade religiosa, desde que presentes os respectivos requisitos, conforme se observa do seguinte trecho de decisão do Tribunal Superior do Trabalho, *verbis*:

> Vínculo empregatício

(119) FRAGALE FILHO, Roberto; ALVIM, Joaquim Leonel de Rezende; SOARES, Tatiana Alves; OLIVEIRA, Danielle Fernandes de. O vínculo empregatício dos pastores evangélicos: notas conclusivas. *Confluências*, v. 1, n. 1, abr. 2004, p. 31 e 40.

A reclamada alegou que o reclamante confessou em seu depoimento pessoal que era pastor, que recebia valores pela atividade desempenhada e que essa atividade religiosa interferiu no contrato de trabalho do reclamante nos últimos 3 anos.

Aduziu que havia concomitância de execução de atividades, chegando a atividade de pastor exercida na Igreja Evangélica (...) a interferir na atividade exercida junto à reclamada.

Argumentou que não firmou contrato de emprego com o autor, pois sabia do seu compromisso com a igreja.

Afirmou que o reclamante não possuía subordinação e nem exclusividade, dissociando-se dos requisitos da relação de emprego embora recebesse pelos serviços prestados, atuava de forma não eventual, porém, não havia subordinação e a atividade era exercida concomitantemente.

Disse que o autor possuía até um programa de televisão e em redes sociais conforme comprovam os documentos de fls. 133/136, e a igreja (...) negou que o reclamante seja seu integrante para não atrair para si prova a uma suposta investida do reclamante junto a igreja para reclamar direitos trabalhistas.

À análise.

Nos termos do art. 818 da CLT, o ônus da prova no processo do trabalho, quando se discute a existência de relação empregatícia, é dividido da seguinte forma: quando o demandado nega a existência da própria prestação de serviços, cabe ao autor o ônus da prova do vínculo de emprego, por se tratar de fato constitutivo do seu direito; do contrário, *quando o demandado admite a prestação de serviços, mas nega o liame empregatício, obriga-se a produzir prova do fato modificativo do direito do autor.*

No caso em apreço, verifica-se que o recorrente argumentou que a prestação de serviços por parte do demandante ocorreu de forma autônoma.

Assim, tendo aduzido a existência de fato modificativo do direito pleiteado, o reclamado atraiu para si o ônus de provar suas alegações e, desse modo, demonstrar que a pretensão do reclamante não tem procedência.

Da análise dos depoimentos colhidos na instrução processual conclui-se que restou comprovada a tese do autor de existência do vínculo empregatício, se não vejamos (fls. 156/157):

(...)

Na verdade, *o que se percebe é que o autor voltou a trabalhar para o reclamado sem CTPS após a primeira dispensa, não tendo havido qualquer alteração que descaracterizasse o vínculo empregatício.*

Desta forma, considerando, ainda, os documentos anexados com a inicial, nota-se que o recorrente não se desincumbiu de comprovar que o trabalho prestado pelo reclamante era autônomo.

Ademais, o fato de o reclamante ser pastor na igreja (...), por si só, não impede o reconhecimento do vínculo empregatício com o reclamado, tendo em vista que a prova testemunhal demonstrou que esse trabalho era realizado à noite ou aos finais de semana, não tendo sido comprovado, outrossim, a existência de remuneração mensal por este mister.

Logo, deve ser mantida a sentença no que tange ao reconhecimento da relação de emprego havida entre as partes, devendo, assim, o reclamado arcar com o pagamento das verbas rescisórias do reclamante.

(...)

Na hipótese, a Corte regional, com base no acervo fático-probatório dos autos, concluiu pela existência de vínculo de emprego entre o reclamante e a reclamada, uma vez que "o recorrente argumentou que a prestação de serviços por parte do demandante ocorreu de forma autônoma. Assim, tendo aduzido a existência de fato modificativo do direito pleiteado, o reclamado atraiu para si o ônus de provar suas alegações"; contudo, "Da análise dos depoimentos colhidos na instrução processual conclui-se que restou comprovada a tese do autor de existência do vínculo empregatício" (pág. 289).

Consignou também que "o que se percebe é que o autor voltou a trabalhar para o reclamado sem CTPS após a primeira dispensa, não tendo havido qualquer alteração que descaracterizasse o vínculo empregatício.

Desta forma, considerando, ainda, os documentos anexados com a inicial, nota-se que o recorrente não se desincumbiu de comprovar que o trabalho prestado pelo reclamante era autônomo" (pág. 290).

Nesse contexto, ao admitir a prestação de serviços por parte do reclamante, em que pese alegar que era prestado de forma autônoma, a reclamada atraiu para si o ônus probatório, importando em fato impeditivo do direito pleiteado, no caso, o vínculo de emprego.

Com efeito, ao que sobressai da decisão regional, a reclamada não logrou êxito em comprovar que a prestação de serviços, de fato, era feita de forma autônoma, entendendo-se que existia o vínculo empregatício, visto que foram preenchidos os requisitos constantes no art. 3º da CLT.

Este também é o entendimento deste Tribunal Superior:

(...)

Assim, conforme se observa, a decisão proferida pelo Tribunal *a quo* está em consonância com o entendimento deste Tribunal.

Desse modo, diante da conclusão firmada na decisão recorrida, para se chegar a entendimento diverso, seria necessário o reexame do conjunto fático-probatório, procedimento que não se compatibiliza com a natureza extraordinária do recurso de revista, conforme os termos da Súmula n. 126 do Tribunal Superior do Trabalho. Razão pela qual fica inviabilizada a análise da alegada violação dos arts. 5º, inciso XXXV, da Constituição Federal, 3º da CLT, 374, inciso II, 389, 395 e 493 do CPC e 212, inciso II, do Código Civil.

> Por fim, cumpre salientar que somente é importante perquirir a quem cabe o ônus da prova quando não há prova dos fatos controvertidos nos autos, arguido por qualquer das partes. Assim, uma vez que este ficou efetivamente provado, conforme asseverou o Tribunal Regional, é irrelevante o questionamento sobre a quem caberia fazer a prova.
>
> (...)
>
> A matéria objeto da insurgência recursal analisada na decisão agravada consiste no *vínculo de emprego*, e a decisão agravada ficou pautada na impossibilidade de se reanalisar o conjunto probatório, nos termos previstos na Súmula n. 126 do TST.
>
> A reclamada se insurge contra a decisão agravada, em suma, afirmando que, em depoimento pessoal, o empregado confessou a ausência do requisito de subordinação, indispensável para configuração do vínculo empregatício, nos termos do art. 3º da CLT.
>
> Sem razão.
>
> Com efeito, foi esclarecido na decisão monocrática que "ao admitir a prestação de serviços por parte do reclamante, em que pese alegar que era prestado de forma autônoma, a reclamada atraiu para si o ônus probatório, importando em fato impeditivo do direito pleiteado, no caso, o vínculo de emprego. Com efeito, ao que sobressai da decisão regional, a reclamada não logrou êxito em comprovar que a prestação de serviços, de fato, era feita de forma autônoma, entendendo-se que existia o vínculo empregatício, visto que foram preenchidos os requisitos constantes no art. 3º da CLT" (pág. 404).
>
> Portanto, não merece provimento o agravo que não desconstitui os fundamentos da decisão monocrática quanto ao tema vínculo de emprego, pela qual se negou provimento aos embargos de declaração e ao agravo de instrumento, fundada na aplicação da Súmula n. 126 do TST.(120)

O julgado citado é claro, portanto, ao admitir a possibilidade de configuração do vínculo empregatício, mesmo daquele que execute atividades tipicamente religiosas.

8.6.3. A nova Lei n. 14.647/2023

Elemento adicional relevante, a ser abordado na análise do tema, concerne à publicação, em 4 de agosto de 2023, da Lei n. 14.647/2023.

Trata-se de norma que afasta, de maneira apriorística, o vínculo empregatício do prestador de serviços em funções tipicamente religiosas, excepcionando, contudo, a hipótese de desvirtuamento do intuito efetivamente religioso.

---

(120) BRASIL. Tribunal Superior do Trabalho (3ª Turma). *Ag-ED-AIRR – 21828-88.2016.5.16.0012*. Decisão 24 nov. 2021. Disponível em: <https://jurisprudencia-backend.tst.jus.br/rest/documentos/eef6d2c88bc38c23cc7ba3fffd52961a>. Acesso em: 5 jan. 2023.

Visando superar eventuais dúvidas acerca do tema, convém transcrever a redação dos §§ 2º e 3º, introduzidos pela referida Lei ao art. 442 da CLT, a saber:

> § 2º Não existe vínculo empregatício entre entidades religiosas de qualquer denominação ou natureza ou instituições de ensino vocacional e ministros de confissão religiosa, membros de instituto de vida consagrada, de congregação ou de ordem religiosa, ou quaisquer outros que a eles se equiparem, ainda que se dediquem parcial ou integralmente a atividades ligadas à administração da entidade ou instituição a que estejam vinculados ou estejam em formação ou treinamento.
>
> § 3º **O disposto no § 2º não se aplica em caso de desvirtuamento da finalidade religiosa e voluntária.**

Resta evidente, do teor do transcrito § 3º, que a norma sob exame não afastou, absolutamente, a possibilidade de configuração do vínculo empregatício do prestador de serviços a entidades religiosas, ainda que de natureza eminentemente religiosas as suas funções; pelo contrário, caso desvirtuado o intuito confessional ou voluntário da colaboração, será não somente possível, como necessário o reconhecimento do vínculo empregatício entre as partes.

Dito de outro modo:

8.6.4. Atividades laicas

Completamente diferente é, entretanto, a posição dos trabalhadores laicos, como sacristães, organistas, seguranças ou faxineiros, que prestam serviços em favor de entes eclesiásticos, sem qualquer vestígio de intenção religiosa, mas meramente para obtenção de uma renda para seu sustento.

Desse modo, resta evidente o vínculo empregatício desses trabalhadores desprovidos de funções tipicamente religiosas, pois mais simples a configuração do seu intuito financeiro com o seu labor.

Evidentemente, para a caracterização do liame empregatício, em tal situação, novamente devem-se aferir as efetivas condições de prestações de serviços, para se identificar a presença ou a ausência dos respectivos requisitos, especialmente a subordinação.

Considerações Finais

A presente obra consiste numa tentativa de contribuição dos seus autores para a reflexão crítica acerca do complexo tema do enquadramento jurídico das relações de trabalho no Brasil, no século XXI.

Nesse sentido, acreditamos que as novas tecnologias e as modificações do mercado de trabalho brasileiro, evidentes a qualquer observador, não significam, necessariamente, o abandono do enquadramento jurídico pelo vínculo empregatício da relação entre trabalhador e tomador dos seus serviços.

Pelo contrário, o exame pormenorizado das variadas funções modernas, estudadas acima, indica, de maneira indene de dúvidas, que o liame empregatício não somente é possível, quando presentes seus requisitos, como é o único efetivamente existente entre as partes de diversas das relações de trabalho atuais, inclusive daquelas fortemente caracterizadas pelas novas tecnologias, como as prestadas em plataformas digitais.

Todavia, para se chegar a tal conclusão, é fundamental se livrar da armadura de preconceitos fortemente difundidos atualmente, apontando uma suposta inafastabilidade do abandono do vínculo empregatício para o desenvolvimento da economia brasileira, pelo fardo que ele representaria no mercado de trabalho, decorrente dos encargos que ele enseja.

Em vez disso, adotando-se uma análise mais técnica e desprovida de tais premissas economicistas equivocadas, deve-se aferir, nos casos examinados, as reais condições nas quais o trabalho é prestado, se típicas ou não de um empregado.

Cumpre salientar, neste ponto, ser essencial estar desprovido do apego às formas rígidas e tradicionais de subordinação, como o horário fixo, o labor presencial e as ordens ou punições diretas, pois essas características se revelam, no atual cenário das relações de trabalho brasileiras, não somente desnecessárias — pois há meios muito mais eficazes e modernos de controle do trabalho prestado, como a inteligência artificial —, como igualmente inadequadas, considerando-se a forte rejeição de que são objeto por parte das gerações mais jovens.

Conclui-se, destarte, pela subsistência e pela atualidade do vínculo empregatício no Brasil do século XXI, com economia em notória transição de um modelo atrasado para um mais desenvolvido, sendo fundamental, para tal movimento de desenvolvimento econômico, a salvaguarda dos direitos daqueles que são fundamentais para tal crescimento, os trabalhadores, em respeito a preceitos da nossa Constituição Federal, como o da dignidade da pessoa humana e o do valor social do trabalho (art. 1º, III e IV da CF/88).

Ocorre que nenhuma forma de tutela dos direitos dos trabalhadores é mais efetiva do que o vínculo empregatício, a ser aferido e declarado sempre que presentes seus requisitos, independentemente da atividade sob exame. Sem preconceitos ou visões apriorísticas, mas com visão desprovida de qualquer névoa capaz de turvar a visão do intérprete daquela relação de trabalho.

Esta a única forma, a nosso ver, de se contribuir para o efetivo desenvolvimento do Brasil, o qual não pode ser excludente da maioria da sua população, os trabalhadores, empobrecendo-os para o incremento da acumulação das riquezas criadas nas mãos de poucos milionários, mas sim inclusivo, incluindo os trabalhadores na partilha das riquezas criadas, por meio da melhoria permanente dos seus direitos e das suas condições de trabalho, englobando, evidentemente, o aspecto remuneratório.

Referências

ABÍLIO, Ludmila Costhek. Uberização: a era do trabalhador *just-in-time*? *Estudos avançados*, São Paulo, v. 34, n. 98, jan/abr 2020. Disponível em: <https://www.scielo.br/scielo.php?script=sci_arttext&pid=S0103-40142020000100111>. Acesso em: 2 out. 2020.

______. Uberização: do empreendedorismo para o autogerenciamento subordinado. *Revista Psicoperspectivas: individuo y sociedad*, v. 18, n. 3, p. 1-11, 2019.

ABRAMIDES BRASIL, Natália Marques. *Relações de trabalho em plataformas digitais:* desafios ao modelo tradicional do Direito do Trabalho. Rio de Janeiro: Lumen Juris, 2019.

ALVES, Giovanni. 'Modelo Uber', autoempreendedorismo e as misérias do trabalho vivo no século XXI: breves notas sobre alienação e autoalienação no capitalismo flexível. In: MORETTO, Amilton José; MATOS, Franco de; MACAMBIRA, Júnior; CACCIAMALI, Maria Cristina (Orgs.). *As transformações no mundo do trabalho e o Sistema Público de Emprego como instrumento de inclusão social.* Fortaleza: Instituto de Desenvolvimento do Trabalho, 2018, p. 85-103.

ANTUNES, Ricardo. *O privilégio da servidão:* o novo proletariado de serviços na era digital. 2. ed. São Paulo: Boitempo, 2020.

______; FILGUEIRAS, Vitor. Plataformas digitais, uberização do trabalho e regulação no Capitalismo contemporâneo. *Contracampo*, Niterói, v. 39, n. 1, p. 27-42, abr./jul. 2020. Disponível em: <https://periodicos.uff.br/contracampo/article/view/38901>. Acesso em: 8 out. 2020.

BARBOSA JUNIOR, Francisco de Assis. Gig Economy *e contrato de trabalho:* aplicabilidade da legislação trabalhista aos vínculos de trabalho da nova economia. São Paulo: LTr, 2019.

BARROS, Alice Monteiro de. *Contratos e regulamentações especiais de trabalho.* 3. ed. São Paulo: LTr, 2008.

______. *Curso de Direito do Trabalho.* São Paulo: LTr, 2006.

BAYLOS, Antonio. *Direito do Trabalho:* Modelo para armar. Tradução de Flávio Benitez. São Paulo: LTr, 1999.

BRASIL. *Constituição Federal de 1988*. Disponível em: <http://www.planalto.gov.br/ccivil_03/constituicao/constituicao.htm>. Acesso em: 10 out. 2020.

______. *Decreto-lei n. 5.452, de 1º de maio de 1943*. Consolidação das Leis do Trabalho. Disponível em: <http://www.planalto.gov.br/ccivil_03/decreto-lei/del5452.htm>. Acesso em: 12 out. 2020.

______. *Lei n. 8.906, de 4 de julho de 1994*. Estatuto da Advocacia. Disponível em: <http://www.planalto.gov.br/ccivil_03/leis/l8906.htm>. Acesso em: 4 jan. 2022.

______. *Lei n. 12.592, de 18 de janeiro de 2012*. Parceria nos salões de beleza. Disponível em: <http://www.planalto.gov.br/ccivil_03/_Ato2011-2014/2012/Lei/L12592.htm>. Acesso em: 5 jan. 2022.

______. *Lei Complementar n. 150, de 1º de junho de 2015*. Contrato de trabalho doméstico. Disponível em: <http://www.planalto.gov.br/ccivil_03/leis/LCP/Lcp150.htm#art46>. Acesso em: 5 jan. 2023.

______. Supremo Tribunal Federal (Min. Alexandre de Moraes). *RCL 61.115*. Decisão 25 jul. 2023. Disponível em: <https://jurisprudencia.stf.jus.br/pages/search/despacho1428850/false>. Acesso em: 10 set. 2023.

______. Supremo Tribunal Federal. *RE n. 606.003*. Decisão 28 set. 2020. Disponível em: <https://redir.stf.jus.br/paginadorpub/paginador.jsp?docTP=TP&docID=754083819>. Acesso em: 4 jan. 2022.

______. Tribunal Regional do Trabalho da 2ª Região (14ª Turma). *Processo n. 1000963-33.2019.5.02.0005*. Tércio Dercule Raposo x Rappi Brasil Intermediação de Negócios Ltda: Decisão 5 mar. 2020. Disponível em: <https://pje.trt2.jus.br/consultaprocessual/detalhe-processo/1000963-33.2019.5.02.0005/2>. Acesso em: 2 abr. 2021.

______. Tribunal Regional do Trabalho da 3ª Região (7ª Turma). *Processo n. 0001033-81.2014.5.03.0048*. Decisão 25 maio 2016, relator Eduardo Aurélio Pereira Ferri. Disponível em: <https://juris.trt3.jus.br/juris/detalhe.htm?conversationId=1395>. Acesso em: 10 jan. 2023.

______. Tribunal Regional do Trabalho da 3ª Região (10ª Turma). *Processo n. 0010222-03.2020.5.03.0136*. Davidson Douglas de Oliveira x Uber do Brasil Tecnologia Ltda. Decisão 22 out. 2020. Disponível em: <https://pje-consulta.trt3.jus.br/consultaprocessual/detalhe-processo/0010222-03.2020.5.03.0136/2>. Acesso em: 2 abr. 2021.

______. Tribunal Regional do Trabalho da 23ª Região (2ª Turma). *Processo n. 0000442-37.2020.5.23.0086*. Decisão 24 mar. 2022, rel. Aguimar Peixoto. Disponível em: <https://portal.trt23.jus.br/portal/sites/portal/files/groups/comunicacao/2a_turma_vinculo_rural_reconhece_-_aguimar.pdf>. Acesso em: 10 jan. 2023.

______. Tribunal Superior do Trabalho (1ª Turma). *RR 633-06.2019.5.09.0863*. Decisão 7 dez. 2022, rel. Hugo Carlos Scheuermann. Disponível em: <https://jurisprudencia-backend.tst.jus.br/rest/documentos/9b36f5a1eab9bf0d2fb71221c3c98c25>. Acesso em: 1º jan. 2023.

______. Tribunal Superior do Trabalho (2ª Turma). *Ag-AIRR – 10003-52.2014.5.15.0140*. Leandro Ramalho Costa x Pró-Saúde e Município de Atibaia. Decisão 1º set. 2021. Disponível em: <https://jurisprudencia-backend.tst.jus.br/rest/documentos/18028c6b765dc322fa961d6311c47148>. Acesso em: 4 jan. 2022.

______. Tribunal Superior do Trabalho (2ª Turma). *Ag-AIRR – 1997-93.2015.5.02.0007*. Decisão 7 dez. 2022, Relator Sérgio Pinto Martins. Disponível em: <https://jurisprudencia-backend.tst.jus.br/rest/documentos/9b36f5a1eab9bf0d2fb71221c3c98c25>. Acesso em: 1º jan. 2023.

______. Tribunal Superior do Trabalho (3ª Turma). *AIRR: 0002138-96.2012.5.03.0005*. Relator: Mauricio Godinho Delgado. Data de Julgamento: 18 dez. 2013. Disponível em: <https://consultaprocessual.tst.jus.br/consultaProcessual/consultaTstNumUnica.do?consulta=Consultar&conscsjt=&numeroTst=0002138&digitoTst=96&anoTst=2012&orgaoTst=5&tribunalTst=03&varaTst=0005&submit=Consultar>. Acesso em: 10 mar. 2022.

______. Tribunal Superior do Trabalho (3ª Turma). *RR-100353-02.2017.5.01.0066*. Decisão 6 abr. 2022. Relator Mauricio Godinho Delgado. Disponível em: <https://consultaprocessual.tst.jus.br/consultaProcessual/consultaTstNumUnica.do?consulta=Consultar&conscsjt=&numeroTst=100353&digitoTst=02&anoTst=2017&orgaoTst=5&tribunalTst=01&varaTst=0066&submit=Consultar#>. Acesso em: 10 jan. 2022.

______. Tribunal Superior do Trabalho (4ª Turma). *AIRR-10575-88.2019.5.03.0003*. Ricardo Ramos de Sá x Uber do Brasil Tecnologia Ltda. Decisão 9 set. 2020. Disponível em: <http://aplicacao4.tst.jus.br/consultaProcessual/consultaTstNumUnica.do?consulta=Consultar&conscsjt=&numeroTst=10575&digitoTst=88&anoTst=2019&orgaoTst=5&tribunalTst=03&varaTst=0003&submit=Consultar>. Acesso em: 2 abr. 2021.

______. Tribunal Superior do Trabalho (4ª Turma). *AIRR 101201-74.2017.5.01.0070*. Relator: Guilherme Augusto Caputo Bastos. Data de Julgamento: 9.11.2021. Disponível em: <https://consultaprocessual.tst.jus.br/consultaProcessual/consultaTstNumUnica.do?consulta=Consultar&conscsjt=&numeroTst=0101201&digitoTst=74&anoTst=2017&orgaoTst=5&tribunalTst=01&varaTst=0070&submit=Consultar>. Acesso em: 10 jan. 2022.

______. Tribunal Superior do Trabalho (5ª Turma). *Ag-AIRR 101976-74.2017.5.01.0075*. Dayana da Silva Barcelos Rosa x Siqueira Castro Advogados. Decisão 30 jun. 2021. Disponível em: <https://jurisprudencia-backend.tst.jus.br/rest/documentos/a86bbba9d08cbe299dc2e570e4984b44>. Acesso em: 4 jan. 2022.

______. Tribunal Superior do Trabalho (5ª Turma). *RR 1000123-89.2017.5.02.0038*. Marcio Vieira Jacob x Uber do Brasil Tecnologia Ltda. e outros. Decisão 5 fev. 2020. Disponível em: <http://aplicacao4.tst.jus.br/consultaProcessual/consultaTstNumUnica.do?consulta=Consultar&conscsjt=&numeroTst=1000123&digitoTst=89&anoTst=2017&orgaoTst=5&tribunalTst=02&varaTst=0038&submit=Consultar>. Acesso em: 2 abr 2021.

______. Tribunal Superior do Trabalho (6ª Turma). *Ag-AIRR – 307-28.2019.5.06.0411*. Decisão 24 nov. 2021. Relator Augusto César Leite de Carvalho. Disponível em: <https://jurisprudencia-backend.tst.jus.br/rest/documentos/eef6d2c88bc38c23cc7ba3fffd52961a>. Acesso em: 5 jan. 2023.

______. Tribunal Superior do Trabalho (6ª Turma). . Decisão 15 dez. 2021. Relator Augusto Cesar Leite de Carvalho. Alan Jefferson dos Santos Lima x Distribuidora de Alimentos Serido Ltda. Disponível em: <https://jurisprudencia-backend.tst.jus.br/rest/documentos/473f0c0750b5d1aa9c21895b803262fd>. Acesso em: 4 jan. 2022.

______. Tribunal Superior do Trabalho (6ª Turma). *ED-RR – 561-34.2010.5.09.0669*. Decisão 20 out. 2021. Relator Augusto Cesar Leite de Carvalho. Disponível em: <https://jurisprudencia-backend.tst.jus.br/rest/documentos/426d7c7b811c422ba1963b9dba53da86>. Acesso em: 11 jan. 2022.

______. Tribunal Superior do Trabalho (7ª Turma). *Ag-AIRR – 25293-10.2016.5.24.0004*. Decisão 15 jun. 2022. Relator Cláudio Mascarenhas Brandão. Disponível em: <https://jurisprudencia-backend.tst.jus.br/rest/documentos/c12fb43fb41b856eb19824848e5ec3>. Acesso em: 5 jan. 2023.

CÁRCOVA, José Maria. *As teorias jurídicas pós-positivistas*. Belo Horizonte: Casa do Direito, 2016.

CARELLI, Rodrigo de Lacerda; CARELLI, Bianca Neves Bomfim. A zona cinzenta de trabalho e emprego, trabalhadores sob demanda em plataformas digitais e trabalhadores portuários avulsos: direitos trabalhistas além da relação de emprego. *Contracampo*, Niterói, v. 39, n. 2, p. 28-41, ago./nov. 2020. Disponível em: <https://periodicos.uff.br/contracampo/article/view/38553>. Acesso em: 6 out. 2020.

______; CAVALCANTI, Tiago Muniz; FONSECA, Vanessa Patriota da. *Futuro do trabalho:* os efeitos da revolução digital na sociedade. Brasília: ESMPU, 2020.

CARVALHO FILHO, José dos Santos. *Manual de Direito Administrativo.* Rio de Janeiro: Lumen Juris, 2005.

CASILLI, Antonio A. Da classe virtual aos trabalhadores do clique: a transformação do trabalho em serviço na era das plataformas digitais. *Matrizes*, São Paulo, v. 14, n. 1, p. 13-21, jan./abr. 2020.

CASSAR, Vólia Bonfim. *Curso de Direito do Trabalho*. São Paulo: LTr, 2021.

______. *Direito do Trabalho*. 8. ed. Rio de Janeiro: Forense; São Paulo: Método, 2013.

CHAVES JUNIOR, José Eduardo de Resende; OLIVEIRA, Murilo Carvalho Sampaio; OLIVEIRA NETO, Raimundo Dias de. Plataformas digitais e vínculo empregatício? A cartografia dos indícios de autonomia, subordinação e dependência. *Trab21*, 26 ago. 2020. Disponível em: https://trab21.blog/2020/08/26/plataformas-digitais-e-vinculo-empregaticio-a-cartografia-dos-indicios-de-autonomia-subordinacao-e-dependenciaartigo-de-jose-eduardo-de-resende-chaves-junior-murilo-carvalho-sampaio-oliveira-e-r/>. Acesso em: 14 out. 2020.

CHILE. "Alvaro Felipe Arredondo Montoya x Pedidos Ya Chile Spa": Juzgado de Letras del Trabajo de Concepción (Chile), 5 out 2020. Disponível em: <http://basejurisprudencial.poderjudicial.cl/# ou https://www.ilawnetwork.com/wp-content/uploads/2020/10/Sentencia-Chile.-Relacion-Laboral-PedidosYa.pdf>. Acesso em: 4 abr. 2021.

CONFORTI, Luciana Paula; CARNIATO, Marcelo Rodrigo. A relação de trabalho na economia 4.0 e a competência da Justiça. *Consultor Jurídico*, 2 dez. 2019. Disponível em: <https://www.conjur.com.br/2019-dez-02/opiniao-trabalho-economia-40-competencia--justica>. Acesso em: 30 ago. 2020.

______. Trabalho na era digital: saúde e segurança ameaçadas pelo *app*. *Site* da *Anamatra*, 2020. Disponível em: <https://www.anamatra.org.br/artigos/30262-trabalho-na-era-digital-saude-e-seguranca-ameacadas-pelo-app>. Acesso em: 15 out. 2020.

COUTINHO, Grijalbo Fernandes. *Justiça política do capital*. São Paulo: Tirant lo Blanch, 2021.

DEDECA, Claudio Salvadori. Flexibilidade e regulação de um mercado de trabalho precário: a experiência brasileira. In: GUIMARÃES, Nadya Araújo; HIRATA, Helena; SUCITA, Karumi (Orgs.). *Trabalho flexível, empregos precários?* Uma comparação Brasil, França, Japão. São Paulo: Edusp, 2009.

DELGADO, Gabriela Neves; CARVALHO, Bruna Vasconcelos de. Breque dos *Apps*: direito de resistência na era digital. *Le Monde Diplomatique Brasil*, 27 de julho de 2020. Disponível em: <https://diplomatique.org.br/breque-dos-apps-direito-de-resistencia-na--era-digital/>. Acesso em: 12 out. 2020.

DELGADO, Mauricio Godinho. *Curso de Direito do Trabalho*. 19. ed., rev. e atual. São Paulo: LTr, 2020.

DI PIETRO, Maria Sylvia. *Direito Administrativo*. Rio de Janeiro: Saraiva, 2002.

ESPANHA. Don Desiderio x GLOVO APP 23 S.L.: *Tribunal Supremo, Sala de lo Social Pleno (Espanha)*, 25 set. 2020. Disponível em: <https://www.poderjudicial.es/search/AN/openCDocument/f0956b14a72ff217df076c0e9ad89c79ceb6f15323e93ff2>. Acesso em: 4 abr. 2021.

FELICIANO, Guilherme Guimarães; PASQUALETO, Olívia de Quintana Figueiredo. (Re)descobrindo o Direito do Trabalho: gig economy, uberização do trabalho e outras reflexões. In: FELICIANO, Guilherme Guimarães; MISKULIN, Ana Paula Silva Campos (Coords.). *Infoproletários e a uberização do trabalho:* Direito e Justiça em um novo horizonte de possibilidades. São Paulo: LTr, 2019. p. 13-20.

FRAGALE FILHO, Roberto. Missionários, mercadores ou empregados da fé? *Revista LTr*, v. 63, n. 8, 1999, p. 1.056/1.060.

______. *Trabalho, cidadania e magistratura*. Rio de Janeiro: Edições Trabalhistas, 2000.

______; ALVIM, Joaquim Leonel de Rezende; SOARES, Tatiana Alves; OLIVEIRA, Danielle Fernandes de. O vínculo empregatício dos pastores evangélicos: notas conclusivas. *Confluências*, v. 1, n. 1, abr. 2004, p. 29-41.

FRANÇA, "M. X x Uber France e Uber B.V.". Cour de Cassation – Chambre Sociale, 4 mar. 2020. Disponível em: <https://www.courdecassation.fr/jurisprudence_2/chambre_sociale_576/374_4_44522.html>. Acesso em: 3 abr. 2021.

GAIA, Fausto Siqueira. *Uberização do trabalho:* aspectos da subordinação jurídica disruptiva. Rio de Janeiro: Lumen Juris, 2019.

GUSMÃO, Xerxes. A contribuição da Justiça do Trabalho para a redução da precariedade do trabalho por plataformas digitais. In: CONFORTI, Luciana Paula; PORTO, Noemia Aparecida Garcia; LOURENÇO FILHO, Ricardo Machado (Orgs.). *A competência da Justiça do Trabalho 15 anos após a Emenda Constitucional 45/2004:* ampliação, limites e avanços necessários. São Paulo: LTr, 2021. p. 315-325.

______. Trabalhador de plataformas digitais: empregado ou autônomo?. *Revista do Tribunal Regional do Trabalho da 10ª Região*, Brasília, v. 24, n. 2, 2020, p. 189-198. Disponível em: <https://revista.trt10.jus.br/index.php/revista10/article/view/424>. Acesso em: 10 abr. 2021.

KREIN, José Dari. *As relações de trabalho na era do neoliberalismo no Brasil.* São Paulo: LTr, 2013.

MARQUEZINE, Sóstenes. A nova fase dos influenciadores digitais: o reconhecimento da profissão e fomento ao empreendedorismo. *Migalhas*, 20 abr. 2022. Disponível em: <https://www.migalhas.com.br/depeso/364317/a-nova-fase-dos-influenciadores-digitais>. Acesso em: 1º jan. 2023.

MARTINS, Sérgio Pinto. *Direito do Trabalho.* São Paulo: Atlas, 2006.

MELLO, Celso Antonio Bandeira de. *Curso de Direito Administrativo.* São Paulo: Melhoramentos, 1995.

MORAES FILHO, Evaristo de; MORAES, Antonio Carlos Flores de. *Introdução ao Direito do Trabalho.* 11. ed. São Paulo: LTr, 2014.

MORESCHI, Bruno; PEREIRA, Gabriel; COZMAN, Fabio G. Trabalhadores brasileiros no *Amazon Mechanical Turk*: sonhos e realidades de trabalhadores fantasmas. *Contracampo*, Niterói, v. 39, n. 1, p. 44-64, abr./jul. 2020.

OITAVEN, Juliana Carreiro Corbal; CARELLI, Rodrigo de Lacerda; CASAGRANDE, Cássio Luis. *Empresas de transporte, plataformas digitais e a relação de emprego*: um estudo do trabalho subordinado sob aplicativos. Brasília: Ministério Público do Trabalho, 2018.

OLIVEIRA, Murilo Carvalho Sampaio. Pandemia e uberização: o trabalhador lutando 'sozinho' na guerra da sobrevivência. *Trab21*, 3 jun. 2020. Disponível em: <https://trab21.blog/2020/06/03/pandemia-e-uberizacao-o-trabalhador-lutando-sozinho-na-guerra-da-sobrevivencia/>. Acesso em: 17 out. 2020.

PORTO, Lorena Vasconcelos. *A subordinação no contrato de trabalho*. São Paulo: LTr, 2009.

PRANDI, Reginaldo. Religião paga: conversão e serviço. *Novos Estudos CEBRAP*, n. 45, jul. 1996, p. 65-77.

REDINHA, Maria Regina Gomes. *A relação laboral fragmentada:* Estudo sobre o trabalho temporário. Coimbra: Coimbra Editora, 1995.

REINO UNIDO. "Uber BV e outros x Yaseen Aslam e outros": Supreme Court of the United Kingdom, 19 fev. 2021. Disponível em: <https://www.supremecourt.uk/cases/docs/uksc-2019-0029-judgment.pdf>. Acesso em: 5 abr. 2021.

REVISTA CONSULTOR JURÍDICO. "TST reconhece vínculo de emprego em atividade de "jogo de bicho", 9 dez. 2002. Disponível em: <https://www.conjur.com.br/2002dez09/tst_reconhece_direitos_atividade_jogo_bicho>. Acesso em: 9 jul. 2022.

ROCHA, Andrea Presas; OLIVEIRA, Murilo Carvalho Sampaio. A jurisdição sobre as plataformas digitais e seus 'trabalhadores parceiros. *Consultor Jurídico*, 16 jul. 2020. Disponível em: <https://www.conjur.com.br/2020-jul-16/rocha-oliveira-plataformas-digitais-parceiros>. Acesso em: 30 ago. 2020.

ROMITA, Arion Sayão. *Direitos fundamentais nas relações de trabalho*. 4. ed., rev. e aum. São Paulo: LTr, 2012.

SAAD, Eduardo Gabriel *et al. CLT comentada*. São Paulo: LTr, 2006.

SILVA, Homero Batista Mateus da. *Curso de Direito do Trabalho aplicado*. São Paulo: LTr, 2009.

SLEE, Tom. *Uberização:* a nova onda do trabalho precarizado. São Paulo: Elefante, 2017.

SOUTO MAIOR, Jorge Luiz. *Curso de Direito do Trabalho:* Teoria Geral do Direito do Trabalho. São Paulo: LTr, 2011.

SUPIOT, Alain. *O espírito de Filadélfia:* a justiça social diante do mercado total. Tradução de Tânia do Valle Tschiedel. Porto Alegre: Sulina, 2014.

URUGUAI. "Queimada, Esteban x Uber B.V. e outro": Tribunal de Apelaciones de Trabajo de Primer Turno, 3 jun. 2020. Disponível em: <http://bjn.poderjudicial.gub.uy/BJNPUBLICA/hojaInsumo2.seam?cid=52024>. Acesso em: 3 abr. 2021.

WARAT, Luis Alberto. *Introdução Geral ao Direito*. Porto Alegre: Sergio Antonio Fabris, 2014.